Classiques & Patrimoine

Victor Hugo

Les Misérables

D0730326

Appareil pédagogique par

Sylvie Coly
professeur de Lettres

Lexique établi par

Christine Girodias-Majeune

MAGNARD

Présentation

Les Misérables
de Victor Hugo

Étude de l'œuvre : séances

LECTURE, ÉTUDE DE LA LANGUE, EXPRESSION, PATRIMOINE
Notions littéraires : Le héros
Méthode : Comment comprendre les motivations d'un personnage

LECTURE, ÉTUDE DE LA LANGUE, EXPRESSION, PATRIMOINE
Histoire des arts : Le Paris d'Haussmann
Méthode : Comment réussir le portrait d'un personnage

LECTURE, ÉTUDE DE LA LANGUE, EXPRESSION, PATRIMOINE
Histoire des arts : Le XIXᵉ siècle, du romantisme au réalisme
Méthode : Comment décrire des sentiments

LECTURE, ÉTUDE DE LA LANGUE, EXPRESSION, PATRIMOINE
Histoire des arts : Caricatures et dessins de presse au XIXᵉ siècle
Méthode : Comment reconnaître la critique sociale

Sommaire

Victor Hugo
(1802-1885)

Né en 1802, Victor Hugo connaît une enfance voyageuse, avant que la séparation de ses parents ne le ramène à Paris. Élève très doué, il participe en 1817 au prix de poésie de l'Académie française (dont il sera membre à partir de 1841), mais il est disqualifié : la trop grande qualité de son texte conduit le jury à penser qu'il a triché ! La parution des *Odes* en 1821, cependant, convainc les lecteurs de son génie. Il épouse Adèle Foucher et partage désormais son « cénacle » romantique avec Lamartine, Delacroix et Musset. De 1830 à 1843, Victor Hugo excelle dans tous les genres : alors que *Cromwell* et *Hernani* changent les règles du théâtre, le roman *Notre-Dame de Paris* est un succès, tout comme le recueil poétique publié en 1840, *Les Rayons et les ombres*. Mais la répression sanglante de 1848 et les choix conservateurs de ses contemporains qui réduisent la liberté de la presse et le suffrage universel l'indignent et le rappellent à la politique. Lui qui s'était déjà engagé contre la peine de mort dans deux de ses romans, *Le Dernier Jour d'un condamné* (« C&P » n°12) en 1829 et *Claude Gueux* (« C&C » n°2) en 1834, prononce devant l'Assemblée législative, en 1849, un virulent *Discours sur la misère*. Aigri par le coup d'État du futur Napoléon III en 1851, Hugo s'exile à Guernesey. En 1862, il y achève un manuscrit débuté trente ans auparavant, dont le projet est de raconter l'histoire d'un saint, d'un homme, d'une femme et d'une poupée : *Les Misérables*. Voilà peints Monseigneur Myriel, Jean Valjean, Fantine et Cosette. En 1870, Paris accueille son retour triomphalement. La popularité d'Hugo restera telle que le jour de ses funérailles, en 1885, un incroyable cortège l'accompagnera jusqu'au Panthéon.

Présentation : l'auteur, l'œuvre et son contexte

Le contexte historique et culturel

Au xixᵉ siècle, l'Europe vit un moment charnière, où se heurtent les idéaux égalitaires initiés par la Révolution française et la montée de l'industrialisation, qui broie les hommes, les femmes et les enfants sous ses machines modernes. Le sort du peuple est un sujet d'actualité. Hugo n'a pas été pourtant parmi ses premiers défenseurs, même s'il a toujours voulu certaines réformes. En 1848, c'est plus par dépit que par conviction qu'il vote en faveur

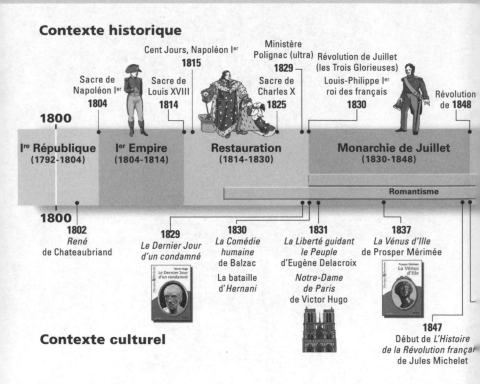

Contexte historique

1800

Sacre de Napoléon Iᵉʳ
1804

Cent Jours, Napoléon Iᵉʳ
1815

Sacre de Louis XVIII
1814

Ministère Polignac (ultra)
1829

Révolution de Juillet (les Trois Glorieuses)

Sacre de Charles X
1825

Louis-Philippe Iᵉʳ roi des français
1830

Révolution de **1848**

Iʳᵉ République (1792-1804)

Iᵉʳ Empire (1804-1814)

Restauration (1814-1830)

Monarchie de Juillet (1830-1848)

Romantisme

1800

1802
René de Chateaubriand

1829
Le Dernier Jour d'un condamné

1830
La Comédie humaine de Balzac

La bataille d'*Hernani*

1831
La Liberté guidant le Peuple d'Eugène Delacroix

Notre-Dame de Paris de Victor Hugo

1837
La Vénus d'Ille de Prosper Mérimée

1847
Début de *L'Histoire de la Révolution français* de Jules Michelet

Contexte culturel

des idées républicaines. Mais le coup d'État de Louis Napoléon Bonaparte le fait entrer en résistance, et l'exil achève d'ancrer en lui l'humanisme et la foi dans le progrès social : l'Histoire passe par le peuple, Hugo en est alors certain. Mais le peuple n'est encore qu'un enfant inculte et sauvage, affaiblit par la misère insidieuse, diffuse et multiple : il faut l'élever et l'éduquer, en lui donnant du pain et les lumières de l'instruction.

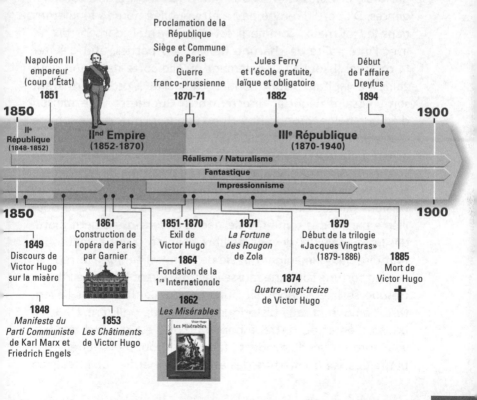

Présentation : l'auteur, l'œuvre et son contexte

Les Misérables, 1862

Victor Hugo vit sur l'île de Guernesey lorsqu'il sort la première ébauche des *Misérables* de sa malle à manuscrits. Six plumes d'oie, des milliers de feuillets et une année entière de relecture seront nécessaires pour achever ce « Léviathan », comme il le nomme lui-même. Mais ce n'est pourtant là qu'un début : ce récit de la pitié, qui met en scène des pauvres, des malheureux et de méprisables méchants, doit servir à combattre la misère. En homme politique avisé, Hugo veut que son roman soit lu par tous, des plus cultivés aux moins lettrés. Il a donc des exigences. D'abord, l'œuvre devra être publiée non en feuilletons dans les journaux, comme il est d'usage, mais dans l'ordre et avec l'intégralité de chacune de ses cinq parties, afin d'éviter la censure. Il souhaite également qu'elle sorte dans une douzaine de capitales, dont Londres, Rome et Moscou. Envoyant son émissaire négocier directement à Guernesey, une maison d'édition belge, proposant à Hugo une très confortable somme d'argent, remporte le contrat. Bien à l'abri dans le sac étanche acheté pour l'occasion, l'énorme manuscrit est acheminé sur le continent. Si la traversée est calme, la publication de la première partie agite les foules : dans les premières semaines, plusieurs versions pirates circulent déjà. Le jour de la sortie de la deuxième partie, des centaines de fiacres déversent au petit matin des lecteurs avides devant les librairies : on craint l'émeute ! Il faut dire qu'en imaginant la vie de Jean Valjean, forçat repenti qui fait fortune sous une fausse identité, Victor Hugo a écrit une fresque sociale et populaire unique, où s'entremêlent l'aventure, l'amour, la saga historique et l'intrigue policière. L'ancien bagnard en effet, rattrapé par son passé, est renvoyé aux travaux forcés. Mais il s'évade, se fait passer pour mort et délivre la petite Cosette du martyre des affreux Thénardier. Jean Valjean est pourtant condamné à fuir à nouveau : l'inspecteur Javert l'a retrouvé et le traque sans relâche, jusque sur les barricades de 1830, où dans la poudre et le sang, la fiction rejoint l'Histoire de France. Cent cinquante ans plus tard, on ne compte plus les adaptations du chef-d'œuvre.

Tant [...] que les trois problèmes du siècle, la dégradation de l'homme par le prolétariat, la déchéance de la femme par la faim, l'atrophie de l'enfant par la nuit ne seront pas résolus [...] ; en d'autres termes, et à un point de vue plus étendu encore, tant qu'il y aura sur la terre ignorance et misère, des livres de la nature de celui-ci pourront ne pas être inutiles.

Victor Hugo, Hauteville House, 1862.

Première partie

Fantine

Livre premier
Un juste

Charles-François-Bienvenu est l'évêque de Digne. Surnommé Monseigneur Bienvenu, il est âgé de 75 ans et voue volontairement son existence à la pauvreté, partageant généreusement ses rentes et ses biens avec ses paroissiens les plus démunis. Il vit en compagnie de sa sœur, mademoiselle Baptistine, et d'une servante, madame Magloire. Il affiche une bonté pragmatique, quotidienne et sans limite.

Livre deuxième
La chute

I Le soir d'un jour de marche

Dans les premiers jours du mois d'octobre 1815, une heure environ avant le coucher du soleil, un homme qui voyageait à pied entrait dans la petite ville de Digne. Les rares habitants qui se trouvaient en ce moment à leurs fenêtres ou sur le seuil de leurs maisons regar-
5 daient ce voyageur avec une sorte d'inquiétude. Il était difficile de rencontrer un passant d'un aspect plus misérable. C'était un homme de moyenne taille, trapu[1] et robuste, dans la force de l'âge. Il pouvait avoir quarante-six ou quarante-huit ans. Une casquette à visière de

---

Vocabulaire
1. *Trapu* : massif.

cuir rabattue cachait en partie son visage brûlé par le soleil et le hâle[1]
10 et ruisselant de sueur. Sa chemise de grosse toile jaune, rattachée au
col par une petite ancre d'argent, laissait voir sa poitrine velue ; il
avait une cravate tordue en corde, un pantalon de coutil[2] bleu usé
et râpé, blanc à un genou, troué à l'autre, une vieille blouse grise
en haillons[3], rapiécée[4] à l'un des coudes d'un morceau de drap vert
15 cousu avec de la ficelle, sur le dos un sac de soldat fort plein, bien
bouclé et tout neuf, à la main un énorme bâton noueux, les pieds
sans bas dans des souliers ferrés, la tête tondue et la barbe longue.

La sueur, la chaleur, le voyage à pied, la poussière, ajoutaient je
ne sais quoi de sordide[5] à cet ensemble délabré[6].

20 Les cheveux étaient ras, et pourtant hérissés ; car ils commençaient à pousser un peu, et semblaient n'avoir pas été coupés depuis
quelque temps.

Personne ne le connaissait. Ce n'était évidemment qu'un passant.
D'où venait-il ? Du midi. [...] Cet homme avait dû marcher tout le
25 jour. Il paraissait très fatigué. Des femmes de l'ancien bourg qui est
au bas de la ville l'avaient vu s'arrêter sous les arbres du boulevard
Gassendi et boire à la fontaine qui est à l'extrémité de la promenade.
Il fallait qu'il eût bien soif, car des enfants qui le suivaient le virent
encore s'arrêter et boire, deux cents pas plus loin, à la fontaine de la
30 place du Marché.

Arrivé au coin de la rue Poichevert, il tourna à gauche et se dirigea
vers la mairie. Il y entra, puis sortit un quart d'heure après. Un gendarme était assis près de la porte, sur le banc de pierre où le général
Drouot monta le 4 mars pour lire à la foule effarée[7] des habitants de

Vocabulaire

1. *Hâle* : couleur brune.
2. *Coutil* : toile épaisse de chanvre, de lin ou de coton.
3. *En haillons* : déchirée en de nom-breux endroits.

4. *Rapiécée* : complétée par une pièce de tissu cousue pour masquer le trou.
5. *Sordide* : d'une saleté et d'une mi-sère repoussante.
6. *Délabré* : en mauvais état.
7. *Effarée* : affolée.

35 Digne la proclamation du golfe Juan[1]. L'homme ôta sa casquette et salua humblement[2] le gendarme.

Le gendarme, sans répondre à son salut, le regarda avec attention, le suivit quelque temps des yeux, puis entra dans la maison de ville[3].

40 Il y avait alors à Digne une belle auberge à l'enseigne de *la Croix-de-Colbas*. [...]

L'homme se dirigea vers cette auberge, qui était la meilleure du pays. Il entra dans la cuisine, laquelle s'ouvrait de plain-pied[4] sur la rue. Tous les fourneaux étaient allumés ; un grand feu flambait

45 gaîment dans la cheminée. [...]

L'hôte[5], entendant la porte s'ouvrir et entrer un nouveau venu, dit sans lever les yeux de ses fourneaux :

– Que veut monsieur ?

– Manger et coucher, dit l'homme.

50 – Rien de plus facile, reprit l'hôte. En ce moment il tourna la tête, embrassa d'un coup d'œil tout l'ensemble du voyageur, et ajouta : En payant.

L'homme tira une grosse bourse de cuir de la poche de sa blouse et répondit :

55 – J'ai de l'argent.

– En ce cas on est à vous, dit l'hôte.

L'homme remit sa bourse en poche, se déchargea de son sac, le posa à terre près de la porte, garda son bâton à la main, et alla s'asseoir sur une escabelle[6] basse près du feu. Digne est dans la mon-

60 tagne. Les soirées d'octobre y sont froides.

Vocabulaire et nom propre

1. *Proclamation du golfe Juan* : en 1815, discours dans lequel Napoléon apprend à la population son retour de l'île d'Elbe et sa volonté de reprendre la tête du pays.

2. *Humblement* : avec modestie.
3. *Maison de ville* : mairie.
4. *De plain-pied* : directement.
5. *L'hôte* : l'aubergiste.
6. *Escabelle* : tabouret à trois pieds.

Cependant, tout en allant et venant, l'homme considérait le voyageur. [...]

Pendant que le nouveau venu se chauffait, le dos tourné, le digne aubergiste Jacquin Labarre tira un crayon de sa poche, puis il déchira
65 le coin d'un vieux journal qui traînait sur une petite table près de la fenêtre. Sur la marge blanche il écrivit une ligne ou deux, plia sans cacheter et remit ce chiffon de papier à un enfant qui paraissait lui servir tout à la fois de marmiton[1] et de laquais[2]. L'aubergiste dit un mot à l'oreille du marmiton, et l'enfant partit en courant dans la
70 direction de la mairie.

Le voyageur n'avait rien vu de tout cela. [...]

L'enfant revint. Il rapportait le papier. L'hôte le déplia avec empressement[3], comme quelqu'un qui attend une réponse. Il parut lire attentivement, puis hocha la tête, et resta un moment pensif.
75 Enfin, il fit un pas vers le voyageur, qui semblait plongé dans des réflexions peu sereines.

– Monsieur, dit-il, je ne puis vous recevoir. [...]

L'homme baissa la tête, ramassa le sac qu'il avait déposé à terre, et s'en alla.
80 Il prit la grande rue. Il marchait devant lui au hasard, rasant de près les maisons, comme un homme humilié[4] et triste. Il ne se retourna pas une seule fois. S'il s'était retourné, il aurait vu l'aubergiste de *la Croix-de-Colbas* sur le seuil de sa porte, entouré de tous les voyageurs de son auberge et de tous les passants de la rue, parlant vivement et le désignant
85 du doigt, et, aux regards de défiance[5] et d'effroi[6] du groupe, il aurait deviné qu'avant peu son arrivée serait l'événement de toute la ville.

Vocabulaire
1. *Marmiton* : aide de cuisine.
2. *Laquais* : valet.
3. *Empressement* : vivement, rapidement.
4. *Humilié* : honteux.
5. *Défiance* : crainte méfiante.
6. *Effroi* : très grande peur.

Il ne vit rien de tout cela. Les gens accablés[1] ne regardent pas derrière eux. Ils ne savent que trop que le mauvais sort les suit.

90 Il chemina ainsi quelque temps, marchant toujours, allant à l'aventure par des rues qu'il ne connaissait pas, oubliant la fatigue, comme cela arrive dans la tristesse. Tout à coup il sentit vivement la faim. La nuit approchait. Il regarda autour de lui pour voir s'il ne découvrirait pas quelque gîte[2].

La belle hôtellerie s'était fermée pour lui ; il cherchait quelque
95 cabaret bien humble[3], quelque bouge[4] bien pauvre.

Précisément une lumière s'allumait au bout de la rue ; une branche de pin[5], pendue à une potence en fer, se dessinait sur le ciel blanc du crépuscule. Il y alla.

C'était en effet un cabaret ; le cabaret qui est dans la rue
100 de Chaffaut.

Le voyageur s'arrêta un moment, et regarda par la vitre l'intérieur de la salle basse du cabaret, éclairée par une petite lampe sur une table et par un grand feu dans la cheminée. Quelques hommes y buvaient. L'hôte se chauffait. La flamme faisait bruire[6] une marmite de fer
105 accrochée à la crémaillère[7].

On entre dans ce cabaret, qui est aussi une espèce d'auberge, par deux portes. L'une donne sur la rue, l'autre s'ouvre sur une petite cour pleine de fumier.

Le voyageur n'osa pas entrer par la porte de la rue. Il se glissa dans la
110 cour, s'arrêta encore, puis leva timidement le loquet[8] et poussa la porte.

– Qui va là ? dit le maître.

Vocabulaire

1. *Accablés* : qui éprouvent une grande tristesse.
2. *Gîte* : endroit abrité où se reposer.
3. *Humble* : sans prétention, peu cher.
4. *Bouge* : chambre misérable.
5. *Branche de pin* : symbole traditionnel signalant des chambres à bas prix.

6. *Bruire* : cuire en faisant un bruit significatif.
7. *Crémaillère* : tige de fer à cran pendue dans la cheminée afin d'accrocher des récipients.
8. *Loquet* : poignée rudimentaire.

– Quelqu'un qui voudrait souper et coucher.

– C'est bon. Ici on soupe et on couche.

Il entra. Tous les gens qui buvaient se retournèrent. La lampe
115 l'éclairait d'un côté, le feu de l'autre. On l'examina quelque temps
pendant qu'il défaisait son sac.

L'hôte lui dit : [...]

– Tu vas t'en aller d'ici.

L'étranger se retourna et répondit avec douceur.
120 – Ah ! vous savez ?...

– Oui. [...]

L'homme prit son bâton et son sac, et s'en alla.

Comme il sortait, quelques enfants, qui l'avaient suivi depuis *la
Croix-de-Colbas* et qui semblaient l'attendre, lui jetèrent des pierres. Il
125 revint sur ses pas avec colère et les menaça de son bâton ; les enfants
se dispersèrent comme une volée d'oiseaux. [...]

*Le vagabond est également rejeté par le garde de la prison, un arti-
san et même un chien à qui il a emprunté la niche pour s'abriter du
froid. Il arrive devant une imprimerie.*

Épuisé de fatigue et n'espérant plus rien, il se coucha sur le banc
de pierre qui est à la porte de cette imprimerie.

Une vieille femme sortait de l'église en ce moment. Elle vit
130 cet homme étendu dans l'ombre. – Que faites-vous là, mon ami ?
dit-elle.

Il répondit durement et avec colère : – Vous le voyez, bonne
femme, je me couche. [...] Partout on m'a chassé.

La « bonne femme » toucha le bras de l'homme et lui mon-
135 tra de l'autre côté de la place une petite maison basse à côté de
l'évêché.

– Vous avez, reprit-elle, frappé à toutes les portes ?

– Oui.

– Avez-vous frappé à celle-là ?

140   – Non.

– Frappez-y. [...]

III Héroïsme de l'obéissance passive

La porte s'ouvrit.

Elle s'ouvrit vivement, toute grande, comme si quelqu'un la poussait avec énergie et résolution. [...]

Il entra, fit un pas et s'arrêta, laissant la porte ouverte derrière

5 lui. Il avait son sac sur l'épaule, son bâton à la main, une expression rude[1], hardie[2], fatiguée et violente dans les yeux. Le feu de la cheminée l'éclairait. Il était hideux. C'était une sinistre[3] apparition. [...]

Avant que Monseigneur Bienvenu ne lui dise le moindre mot, le vagabond se présente.

– Voici. Je m'appelle Jean Valjean. Je suis un galérien[4]. J'ai passé dix-neuf ans au bagne. Je suis libéré depuis quatre jours et en route

10 pour Pontarlier[5] qui est ma destination. Quatre jours que je marche depuis Toulon. Aujourd'hui, j'ai fait douze lieues[6] à pied. Ce soir, en arrivant dans ce pays, j'ai été dans une auberge, on m'a renvoyé à cause de mon passeport jaune[7] que j'avais montré à la mairie. Il avait fallu. J'ai été à une autre auberge. On m'a dit : Va-t-en ! Chez

15 l'un, chez l'autre. Personne n'a voulu de moi. [...] Là, dans la place, j'allais me coucher sur une pierre, une bonne femme m'a montré votre maison et m'a dit : Frappe là. J'ai frappé. Qu'est-ce que c'est ici ?

Vocabulaire et nom propre

1. *Rude* : dure.
2. *Hardi* : qui ne craint pas d'oser.
3. *Sinistre* : angoissante.
4. *Galérien* : prisonnier des galères ou du bagne, prisons dans lesquels on pratiquait les travaux forcés.

5. *Pontarlier* : ville de Franche-Comté à mi-chemin entre Besançon et Lausanne.
6. *Douze lieues* : environs cinquante kilomètres.
7. *Passeport jaune* : document d'identité que les bagnards devaient présenter à la mairie, et qui portait la mention « forçat libéré ».

êtes-vous une auberge ? J'ai de l'argent. Ma masse[1]. Cent neuf francs quinze sous que j'ai gagnés au bagne par mon travail en dix-neuf 20 ans. Je payerai. Qu'est-ce que cela me fait ? J'ai de l'argent. Je suis très fatigué, douze lieues à pied, j'ai bien faim. Voulez-vous que je reste ?

– Madame Magloire, dit l'évêque, vous mettrez un couvert de plus.

L'homme fit trois pas et s'approcha de la lampe qui était sur 25 la table. – Tenez, reprit-il, comme s'il n'avait pas bien compris, ce n'est pas ça. Avez-vous entendu ? Je suis un galérien. Un forçat. Je viens des galères. – [...] Voulez-vous me recevoir, vous ? Est-ce une auberge ? Voulez-vous me donner à manger et à coucher ? Avez-vous une écurie ?

30 – Madame Magloire, dit l'évêque, vous mettrez des draps blancs au lit de l'alcôve[2]. [...]

Madame Magloire sortit pour exécuter ces ordres. [...]

IV et V

Jean Valjean est reçu chez l'évêque d'une façon inattendue. Il mange à sa faim, sur une table éclairée par deux chandeliers d'argent, et dort dans la chambre qui jouxte celle de l'évêque.

VI Jean Valjean

Vers le milieu de la nuit, Jean Valjean se réveilla.

Jean Valjean était d'une pauvre famille de paysans de la Brie[3]. Dans son enfance, il n'avait pas appris à lire. Quand il eut l'âge d'homme, il était émondeur[4] à Faverolles[5]. Sa mère s'appelait Jeanne

---

Vocabulaire et noms propres

1. *Ma masse* : somme d'argent donnée au prisonnier à sa libération.
2. *Alcôve* : dans une pièce, renfoncement dans lequel on logeait parfois un lit.

3. *Brie* : région située à l'est de Paris.
4. *Émondeur* : homme qui taille les arbres.
5. *Faverolles* : ville de Picardie, située à 90 kilomètres de Paris.

5 Mathieu ; son père s'appelait Jean Valjean, ou Vlajean, sobriquet[1] probablement, et contraction de *Voilà Jean*.

Jean Valjean était d'un caractère pensif sans être triste, ce qui est le propre des natures affectueuses. Somme toute, pourtant, c'était quelque chose d'assez endormi et d'assez insignifiant, en apparence
10 du moins, que Jean Valjean. Il avait perdu en très bas âge son père et sa mère. Sa mère était morte d'une fièvre de lait[2] mal soignée. Son père, émondeur comme lui, s'était tué en tombant d'un arbre. Il n'était resté à Jean Valjean qu'une sœur plus âgée que lui, veuve, avec sept enfants, filles et garçons. Cette sœur avait élevé
15 Jean Valjean, et tant qu'elle eut son mari elle logea et nourrit son jeune frère. Le mari mourut. L'aîné des sept enfants avait huit ans, le dernier un an. Jean Valjean venait d'atteindre, lui, sa vingt-cinquième année. Il remplaça le père, et soutint à son tour sa sœur qui l'avait élevé. [...]

20 Il arriva qu'un hiver fut rude. Jean n'eut pas d'ouvrage[3]. La famille n'eut pas de pain. Pas de pain. À la lettre[4]. Sept enfants.

Un dimanche soir, Maubert Isabeau, boulanger sur la place de l'Église, à Faverolles, se disposait à se coucher, lorsqu'il entendit un coup violent dans la devanture grillée et vitrée de sa boutique. Il
25 arriva à temps pour voir un bras passé à travers un trou fait d'un coup de poing dans la grille et dans la vitre. Le bras saisit un pain et l'emporta. Isabeau sortit en hâte[5] ; le voleur s'enfuyait à toutes jambes ; Isabeau courut après lui et l'arrêta. Le voleur avait jeté le pain, mais il avait encore le bras ensanglanté. C'était Jean Valjean.

30 Ceci se passait en 1795. Jean Valjean fut traduit devant les tribunaux[6] du temps « pour vol avec effraction[7] la nuit dans une maison habitée ». [...]

Vocabulaire

1. *Sobriquet* : surnom.
2. *Fièvre de lait* : maladie qui touche les femmes allaitant leur enfant.
3. *D'ouvrage* : de travail.
4. *À la lettre* : ici, réellement.

5. *En hâte* : très vite.
6. *Traduit devant les tribunaux du temps* : jugé par les tribunaux de l'époque.
7. *Avec effraction* : ici, en brisant la vitrine.

Les Misérables

Jean Valjean fut déclaré coupable. [...] Jean Valjean fut condamné à cinq ans de galères. [...]

35 Il partit pour Toulon[1]. Il y arriva après un voyage de vingt-sept jours, sur une charrette, la chaîne au cou. À Toulon, il fut revêtu de la casaque rouge[2]. Tout s'effaça de ce qui avait été sa vie, jusqu'à son nom ; il ne fut même plus Jean Valjean ; il fut le numéro 24601. Que devint la sœur ? que devinrent les sept enfants ?

40 [...] Plus rien n'arriva d'eux à lui ; jamais il ne les revit, jamais il ne les rencontra, et dans la suite de cette douloureuse histoire on ne les retrouvera plus.

Vers la fin de cette quatrième année, le tour d'évasion de Jean Valjean arriva. Ses camarades l'aidèrent comme cela se fait dans ce 45 triste lieu. Il s'évada. [...] Le tribunal maritime le condamna pour ce délit[3] à une prolongation[4] de trois ans, ce qui lui fit huit ans. La sixième année, ce fut encore son tour de s'évader ; il en usa, mais il ne put consommer sa fuite[5]. [...] Treize ans. La dixième année, son tour revint, il en profita encore. Il ne réussit pas mieux. Trois ans pour cette nouvelle tentative. Seize ans. Enfin, ce fut, je crois, pendant la 50 treizième année qu'il essaya une dernière fois et ne réussit qu'à se faire reprendre après quatre heures d'absence [...]. Dix-neuf ans. En octobre 1815 il fut libéré, il était entré là en 1796 pour avoir cassé un carreau et pris un pain.

55 [...] Jean Valjean était entré au bagne sanglotant et frémissant ; il en sortit impassible. Il y était entré désespéré ; il en sortit sombre. [...]

Vocabulaire
1. *Toulon* : ville du sud de la France où se trouvait le bagne depuis 1748.
2. *Casaque rouge* : vêtement des condamnés à une peine de prison limitée (les condamnés à perpétuité portaient la casaque verte).
3. *Délit* : action hors la loi.
4. *Prolongation* : rallongement de peine.
5. *Consommer sa fuite* : profiter de la liberté que lui offrait sa fuite.

VII Le dedans du désespoir

[...] Un détail que nous ne devons pas omettre, c'est qu'il était d'une force physique dont n'approchait pas un des habitants du bagne. À la fatigue, pour filer un câble[1], pour virer un cabestan[2], Jean Valjean valait quatre hommes. [...] Ses camarades l'avaient sur-
5 nommé Jean-le-Cric. [...]

Il parlait peu. Il ne riait pas. Il fallait quelque émotion extrême pour lui arracher, une ou deux fois l'an, ce lugubre[3] rire du forçat qui est comme un écho du rire du démon. [...]

D'année en année, cette âme s'était desséchée de plus en plus,
10 lentement, mais fatalement. À cœur sec, œil sec. À sa sortie du bagne, il y avait dix-neuf ans qu'il n'avait versé une larme.

[...]

X L'homme réveillé

Donc, comme deux heures du matin sonnaient à l'horloge de la cathédrale, Jean Valjean se réveilla.

Ce qui le réveilla, c'est que le lit était trop bon. Il y avait vingt ans bientôt qu'il n'avait couché dans un lit, et, quoiqu'il ne se fût
5 pas déshabillé, la sensation était trop nouvelle pour ne pas troubler son sommeil. [...]

Il ne put se rendormir, et il se mit à penser.

Il était dans un de ces moments où les idées qu'on a dans l'esprit sont troubles. Il avait une sorte de va-et-vient obscur
10 dans le cerveau. Ses souvenirs anciens et ses souvenirs immédiats y flottaient pêle-mêle et s'y croisaient confusément[4], perdant

---

Vocabulaire
1. *Filer un câble* : dérouler un cordage lourd.
2. *Virer un cabestan* : faire tourner un treuil utilisé pour l'ancre et les cordages.

3. *Lugubre* : sinistre.
4. *Confusément* : vaguement.

Les Misérables

leurs formes, se grossissant démesurément, puis disparaissant tout
à coup comme dans une eau fangeuse[1] et agitée. Beaucoup de pensées lui venaient, mais il y en avait une qui se représentait conti-
15 nuellement et qui chassait toutes les autres. Cette pensée, nous
allons la dire tout de suite : – il avait remarqué les six couverts
d'argent et la grande cuiller que madame Magloire avait posés sur
la table. [...]

XI

L'ancien bagnard vole les couverts.

XII L'évêque travaille

*Mais au petit matin, il est rattrapé par les gendarmes qui le recon-
duisent à l'évêque. Pour Jean Valjean, selon toute apparence, c'en est fini
de la liberté.*

[...] La porte s'ouvrit. Un groupe étrange et violent apparut sur
le seuil. Trois hommes en tenaient un quatrième au collet[2]. Les trois
hommes étaient des gendarmes ; l'autre était Jean Valjean.

Un brigadier de gendarmerie, qui semblait conduire le groupe,
5 était près de la porte. Il entra et s'avança vers l'évêque en faisant le
salut militaire. [...]

Cependant monseigneur Bienvenu s'était approché aussi vivement que son grand âge le lui permettait.

– Ah ! vous voilà ! s'écria-t-il en regardant Jean Valjean. Je suis
10 aise de vous voir. Eh bien, mais ! je vous avais donné les chandeliers
aussi, qui sont en argent comme le reste et dont vous pourrez bien
avoir deux cents francs. Pourquoi ne les avez-vous pas emportés avec
vos couverts ?

Vocabulaire
1. *Fangeuse* : boueuse.   **2.** *Au collet* : par le col.

Jean Valjean ouvrit les yeux et regarda le vénérable[1] évêque avec
15 une expression qu'aucune langue humaine ne pourrait rendre[2].

– Monseigneur, dit le brigadier de gendarmerie, ce que cet homme
disait était donc vrai ? Nous l'avons rencontré. Il allait comme
quelqu'un qui s'en va. Nous l'avons arrêté pour voir. Il avait cette
argenterie.

20 – Et il vous a dit, interrompit l'évêque en souriant, qu'elle lui
avait été donnée par un vieux bonhomme de prêtre chez lequel il
avait passé la nuit ? Je vois la chose. Et vous l'avez ramené ici ? C'est
une méprise[3].

– Comme cela, reprit le brigadier, nous pouvons le laisser aller ?
25 – Sans doute, reprit l'évêque.

Les gendarmes lâchèrent Jean Valjean qui recula.

– Est-ce que c'est vrai qu'on me laisse ? dit-il d'une voix presque
inarticulée et comme s'il parlait dans le sommeil.

– Oui, on te laisse, tu n'entends donc pas ? dit un gendarme.
30 Jean Valjean était comme un homme qui va s'évanouir.

L'évêque s'approcha de lui, et lui dit à voix basse :

– N'oubliez pas, n'oubliez jamais que vous m'avez promis d'em-
ployer cet argent à devenir honnête homme.

Jean Valjean, qui n'avait aucun souvenir d'avoir rien promis,
35 resta interdit[4]. L'évêque avait appuyé sur ces paroles en les pronon-
çant. Il reprit avec solennité[5] :

– Jean Valjean, mon frère, vous n'appartenez plus au mal, mais
au bien. C'est votre âme que je vous achète ; je la retire aux pensées
noires et à l'esprit de perdition[6], et je la donne à Dieu.

Vocabulaire
1. *Vénérable* : très respecté.
2. *Rendre* : exprimer.
3. *Méprise* : erreur.
4. *Interdit* : stupéfait.

5. *Avec solennité* : d'un ton grave, sérieux.
6. *L'esprit de perdition* : le diable, ou la tendance qui l'entraîne vers sa perte.

Les Misérables

XIII Petit-Gervais

La bonté de l'évêque étonne encore une fois Jean Valjean. À nouveau seul et libre, il croise Petit-Gervais, un jeune Savoyard, à qui il vole une pièce sans réellement y faire attention. Au crépuscule de cette journée cependant, il prend peu à peu conscience de la noirceur de ses actes, et se met à pleurer pour la première fois depuis son entrée au bagne, dix-neuf ans auparavant.

Livre troisième
En l'année 1817

inscrupulous (annotation manuscrite)

carefree (annotation manuscrite)

En 1817, de jeunes bourgeois vivent dans l'amusement des parties de campagne. Parmi eux se trouve l'insouciant Tholomyès, qui séduit la belle et innocente Fantine. Peu scrupuleux, il l'abandonne sans laisser d'adresse. La jeune femme se trouve alors sans ressources, avec une jeune enfant à nourrir et à élever.

Livre quatrième
Confier, c'est quelquefois livrer

I Une mère qui en rencontre une autre

[...] *Dix mois après le départ de Tholomyès, Fantine, seule avec sa fille Cosette, part pour sa ville natale, Montreuil-sur-Mer, dans l'espoir d'y trouver du travail. En chemin, elle fait la connaissance de la tenancière d'une auberge, Madame Thénardier, et de ses deux fillettes, Éponine et Azelma. Fantine lui demande de prendre Cosette en pension.*

Cette madame Thénardier était une femme rousse, charnue[1], anguleuse[2] ; le type femme-à-soldat dans toute sa disgrâce. [...] Elle

---

Vocabulaire

1. *Charnue* : bien en chair.

2. *Anguleuse* : aux articulations saillantes.

était jeune encore ; elle avait à peine trente ans. Si cette femme, qui était accroupie, se fût tenue droite, peut-être sa haute taille et sa car-
5 rure de colosse ambulant propre aux foires[1], eussent-elles dès l'abord[2] effarouché[3] la voyageuse, troublé sa confiance, et fait évanouir ce que nous avons à raconter. Une personne qui est assise au lieu d'être debout, les destinées[4] tiennent à cela.

La voyageuse raconta son histoire, un peu modifiée. [...]
10 – Voulez-vous me garder mon enfant ? [...]

– Il faudrait voir, dit la Thénardier.

– Je donnerais six francs par mois.

Ici une voix d'homme cria du fond de la gargote[5] :

– Pas à moins de sept francs. Et six mois payés d'avance.
15 – Six fois sept quarante-deux, dit la Thénardier.

– Je les donnerai, dit la mère.

– Et quinze francs en dehors pour les premiers frais[6], ajouta la voix d'homme. [...]

La voix d'homme reprit :
20 – La petite a un trousseau[7] ?

– C'est mon mari, dit la Thénardier.

– Sans doute elle a un trousseau, le pauvre trésor. J'ai bien vu que c'était votre mari. Et un beau trousseau encore ! un trousseau insensé[8]. Tout par douzaines ; et des robes de soie comme une dame.
25 Il est là dans mon sac de nuit.

– Il faudra le donner, repartit la voix d'homme.

– Je crois bien que je le donnerai ! dit la mère. Ce serait cela qui serait drôle si je laissais ma fille toute nue !

Vocabulaire

1. *Colosse ambulant propre aux foires* : géant qui se promène dans les fêtes foraines.
2. *Dès l'abord* : dès le premier coup d'œil.
3. *Effarouché* : effrayé.
4. *Destinées* : vies.

5. *Gargote* : misérable auberge.
6. *Les premiers frais* : les premières dépenses.
7. *Trousseau* : ensemble de linge et d'affaires de toilette.
8. *Insensé* : qui dépasse ce que l'on peut imaginer.

La face du maître apparut.

30   – C'est bon, dit-il.

Le marché fut conclu. [...]

Livre cinquième
La descente

I Histoire d'un progrès dans les verroteries noires

Cette mère cependant qui, au dire des gens de Montfermeil[1], semblait avoir abandonné son enfant, que devenait-elle ? où était-elle ? que faisait-elle ?

Après avoir laissé sa petite Cosette aux Thénardier, elle avait
5 continué son chemin et était arrivée à Montreuil-sur-Mer[2].

C'était, on se le rappelle, en 1818. [...]

De temps immémorial, Montreuil-sur-Mer avait pour industrie spéciale l'imitation des jais[3] anglais et des verroteries[4] noires d'Allemagne. Cette industrie avait toujours végété[5], à cause de la
10 cherté des matières premières qui réagissait sur la main-d'œuvre. Au moment où Fantine revint à Montreuil-sur-Mer, une transformation inouïe s'était opérée dans cette production des « articles noirs ». Vers la fin de 1815, un homme, un inconnu, était venu s'établir dans la ville et avait eu l'idée de substituer, dans cette fabrication, la gomme
15 laque[6] à la résine et, pour les bracelets en particulier, les coulants[7] en tôle simplement rapprochée aux coulants en tôle soudée. Ce tout petit changement avait été une révolution.

Vocabulaire et noms propres
1. *Montfermeil* : ville de Seine-Saint-Denis.
2. *Montreuil-sur-Mer* : ville du Pas-de-Calais.
3. *Jais* : pierre noire et brillante que l'on monte en bijou.
4. *Verroteries* : verres colorés destinés à la bijouterie ou à la décoration.

5. *Végété* : cantonné à une situation médiocre.
6. *Gomme laque* : sorte de plastique naturel moins cher que la résine végétale traditionnelle.
7. *Coulants* : anneaux coulissants permettant d'ajuster la taille du bijou.

Ce tout petit changement en effet avait prodigieusement réduit le prix de la matière première, ce qui avait permis, premièrement d'éle-
20 ver le prix de la main-d'œuvre, bienfait pour le pays, deuxièmement d'améliorer la fabrication, avantage pour le consommateur, troisièmement de vendre à meilleur marché tout en triplant le bénéfice, profit pour le manufacturier[1].

Ainsi pour une idée trois résultats.

25 En moins de trois ans, l'auteur de ce procédé était devenu riche, ce qui est bien, et avait tout fait riche autour de lui, ce qui est mieux. Il était étranger au département ! De son origine, on ne savait rien ; de ses commencements[2], peu de chose.

On contait qu'il était venu dans la ville avec fort peu d'argent,
30 quelques centaines de francs tout au plus.

C'est de ce mince capital[3], mis au service d'une idée ingénieuse, fécondé[4] par l'ordre et par la pensée, qu'il avait tiré sa fortune et la fortune de tout ce pays.

À son arrivée à Montreuil-sur-Mer, il n'avait que les vêtements,
35 la tournure et le langage d'un ouvrier.

Il paraît que, le jour même où il faisait obscurément[5] son entrée dans la petite ville de Montreuil-sur-Mer, à la tombée d'un soir de décembre, le sac au dos et le bâton d'épine[6] à la main, un gros incendie venait d'éclater à la maison commune[7]. Cet homme s'était
40 jeté dans le feu, et avait sauvé, au péril de sa vie, deux enfants qui se trouvaient être ceux du capitaine de gendarmerie ; ce qui fait qu'on n'avait pas songé à lui demander son passeport. Depuis lors, on avait su son nom. Il s'appelait *le père Madeleine*.

Vocabulaire

1. *Le manufacturier* : le propriétaire de l'usine.
2. *Ses commencements* : ce qu'il avait fait pendant sa jeunesse.
3. *Mince capital* : petite somme d'argent dont il disposait.

4. *Fécondé* : aidé.
5. *Obscurément* : en toute discrétion.
6. *Bâton d'épine* : bâton fait d'un bois épineux.
7. *Maison commune* : mairie.

Les Misérables

II, III et IV

Multipliant les bonnes actions, M. Madeleine est très aimé de la population, même si son identité et son passé restent mystérieux, et que l'on chuchote qu'il possède des sommes considérables chez le banquier Lafitte. Fait encore plus curieux, le notable se met à porter le deuil lorsque les journaux annoncent la mort de l'évêque de Digne.

V Vagues éclairs à l'horizon

[...] Souvent, quand M. Madeleine passait dans une rue, calme, affectueux, entouré des bénédictions de tous, il arrivait qu'un homme de haute taille, vêtu d'une redingote¹ gris de fer, armé d'une grosse canne et coiffé d'un chapeau rabattu, se retournait brusquement der-
5 rière lui, et le suivait des yeux jusqu'à ce qu'il eût disparu, croisant les bras, secouant lentement la tête, et haussant sa lèvre supérieure avec sa lèvre inférieure jusqu'à son nez, sorte de grimace significative qui pourrait se traduire par : – Mais qu'est-ce que c'est que cet homme-là ? – Pour sûr je l'ai vu quelque part. – En tout cas, je ne
10 suis toujours pas sa dupe².

Ce personnage, grave³ d'une gravité presque menaçante, était de ceux qui, même rapidement entrevus, préoccupent l'observateur. Il se nommait Javert, et il était de la police.

Il remplissait à Montreuil-sur-Mer les fonctions pénibles, mais
15 utiles, d'inspecteur. Il n'avait pas vu les commencements de Madeleine. Javert devait le poste qu'il occupait à la protection de M. Chabouillet, le secrétaire du ministre d'État comte Anglès, alors préfet de police à Paris. Quand Javert était arrivé à Montreuil-sur-

---

Vocabulaire
1. *Redingote* : veste d'homme qui descend aux genoux.
2. *Je ne suis toujours pas sa dupe* : il ne me trompera pas.
3. *Grave* : sérieux.

20 Mer, la fortune du grand manufacturier était déjà faite, et le père Madeleine était devenu monsieur Madeleine. [...]

Il avait dans sa jeunesse été employé dans les chiourmes du midi[1].

Avant d'aller plus loin, entendons-nous sur ce mot face humaine que nous appliquions tout à l'heure à Javert.

25 La face humaine de Javert consistait en un nez camard[2], avec deux profondes narines vers lesquelles montaient sur ses deux joues d'énormes favoris[3]. On se sentait mal à l'aise la première fois qu'on voyait ces deux forêts et ces deux cavernes. Quand Javert riait, ce qui était rare et terrible, ses lèvres minces s'écartaient, et laissaient voir, non seulement ses dents, mais ses gencives, et il se faisait

30 autour de son nez un plissement épaté[4] et sauvage comme sur un mufle de bête fauve. Javert sérieux était un dogue ; lorsqu'il riait, c'était un tigre. Du reste, peu de crâne, beaucoup de mâchoire, les cheveux cachant le front et tombant sur les sourcils, entre les deux yeux un froncement central permanent comme une étoile

35 de colère, le regard obscur, la bouche pincée et redoutable, l'air du commandement féroce.

Cet homme était composé de deux sentiments très simples et relativement très bons, mais qu'il faisait presque mauvais à force de les exagérer, le respect de l'autorité, la haine de la rébellion ; et à ses

40 yeux le vol, le meurtre, tous les crimes, n'étaient que des formes de la rébellion. [...]

Il n'avait aucun vice, nous l'avons dit. Quand il était content de lui, il s'accordait une prise de tabac. Il tenait à l'humanité par là[5].

Javert était comme un œil toujours fixé sur M. Madeleine. Œil

45 plein de soupçon et de conjectures[6]. M. Madeleine avait fini par s'en apercevoir, mais il sembla que cela fût insignifiant pour lui.

Vocabulaire

1. *Chiourmes du midi* : gardiens du bagne de Toulon.
2. *Camard* : aplati.
3. *Favoris* : touffes de barbe.

4. *Épaté* : large et aplati.
5. *Il tenait à l'humanité par là* : cette habitude le rendait humain.
6. *Conjectures* : hypothèses.

Il ne fit pas même une question à Javert, il ne le cherchait ni ne l'évitait, il portait sans paraître y faire attention, ce regard gênant et presque pesant. Il traitait Javert comme tout le monde, avec aisance[1]
50 et bonté. [...]

Javert était évidemment quelque peu déconcerté[2] par le complet naturel et la tranquillité de M. Madeleine.

Un jour pourtant son étrange manière d'être parut faire impression sur M. Madeleine. Voici à quelle occasion.

VI Le père Fauchelevent

M. Madeleine passait un matin dans une ruelle non pavée de Montreuil-sur-Mer. Il entendit du bruit et vit un groupe à quelque distance. Il y alla. Un vieux homme, nommé le père Fauchelevent, venait de tomber sous sa charrette dont le cheval s'était abattu[3]. [...]
5 M. Madeleine arriva. On s'écarta avec respect.

– À l'aide ! criait le vieux Fauchelevent. Qui est-ce qui est un bon enfant pour sauver le vieux ?

Il a plu et la charrette s'enfonce dans le sol. Il faut agir vite. M. Madeleine offre de l'argent aux paysans pour que l'un d'eux se glisse sous la voiture et dégage le père Fauchelevent. Mais aucun volontaire ne s'avance.

– Ce n'est pas la bonne volonté qui leur manque, dit une voix.

M. Madeleine se retourna, et reconnut Javert. Il ne l'avait pas
10 aperçu en arrivant.

Javert continua :

– C'est la force. Il faudrait être un terrible homme pour faire la chose de lever une voiture comme cela sur son dos.

Puis regardant fixement M. Madeleine, il poursuivit en appuyant
15 sur chacun des mots qu'il prononçait :

Vocabulaire
1. *Aisance* : politesse.
2. *Déconcerté* : troublé.
3. *S'était abattu* : s'était couché.

– Monsieur Madeleine, je n'ai jamais connu qu'un seul homme capable de faire ce que vous demandez là.

Madeleine tressaillit.

Javert ajouta avec un air d'indifférence, mais sans quitter des
20 yeux Madeleine :

– C'était un forçat¹.

– Ah ! dit Madeleine.

– Du bagne de Toulon.

Madeleine devint pâle.

25 Cependant la charrette continuait à s'enfoncer lentement. Le père Fauchelevent râlait et hurlait :

– J'étouffe ! Ça me brise les côtes ! Un cric² ! quelque chose ! Ah ! [...]

Madeleine leva la tête, rencontra l'œil de faucon de Javert tou-
30 jours attaché sur lui, regarda les paysans immobiles, et sourit triste-
ment. Puis, sans dire une parole, il tomba à genoux, et avant même que la foule eût eu le temps de jeter un cri, il était sous la voiture.

Il y eut un affreux moment d'attente et de silence.

On vit Madeleine presque à plat ventre sous ce poids effrayant
35 essayer deux fois en vain de rapprocher ses coudes de ses genoux. On lui cria : – Père Madeleine ! retirez-vous de là ! – Le vieux Fauchelevent lui-même lui dit : – Monsieur Madeleine ! allez-vous-en ! C'est qu'il faut que je meure, voyez-vous ! Laissez-moi ! Vous allez vous faire écraser aussi ! – Madeleine ne répondit pas.

40 Les assistants haletaient³. Les roues avaient continué de s'enfon-
cer, et il était déjà devenu presque impossible que Madeleine sortît de dessous la voiture.

Tout à coup on vit l'énorme masse s'ébranler, la charrette se soulevait lentement, les roues sortaient à demi de l'ornière. On

---

Vocabulaire
1. *Forçat* : bagnard.
2. *Cric* : outil servant à faire levier.

3. *Haletaient* : avait une respiration rapide sous le coup de l'émotion et du suspens.

Les Misérables

45 entendit une voix étouffée qui criait : Dépêchez-vous ! aidez ! C'était
Madeleine qui venait de faire un dernier effort.

Ils se précipitèrent. Le dévouement[1] d'un seul avait donné de la
force et du courage à tous. La charrette fut enlevée par vingt bras.
Le vieux Fauchelevent était sauvé.

50 Madeleine se releva. Il était blême[2], quoique ruisselant de sueur.
Ses habits étaient déchirés et couverts de boue. Tous pleuraient. Le
vieillard lui baisait les genoux et l'appelait le bon Dieu. Lui, il avait sur
le visage je ne sais quelle expression de souffrance heureuse et céleste[3],
et il fixait son œil tranquille sur Javert qui le regardait toujours.

VII, VIII et IX

*M. Madeleine est nommé maire. Il envoie Fauchelevent, dont le genou
est estropié, travailler dans un établissement parisien.*

*Fantine, quant à elle, employée à la fabrique, commence à envisager un
avenir plus heureux où elle pourrait retrouver sa fille et vivre décemment.
Mais une femme de l'atelier découvre qu'elle entretient un enfant sans être
mariée. Elle perd son travail. Endettée, la misère s'abat sur elle.*

X Suite du succès

[...] Fantine gagnait trop peu. Ses dettes avaient grossi. Les
Thénardier, mal payés, lui écrivaient à chaque instant des lettres
dont le contenu la désolait et dont le port[4] la ruinait. Un jour ils
lui écrivirent que sa petite Cosette était toute nue par le froid qu'il
5 faisait, qu'elle avait besoin d'une jupe de laine, et qu'il fallait au
moins que la mère envoyât dix francs pour cela. Elle reçut la lettre

---

Vocabulaire
1. *Le dévouement :* le sacrifice.
2. *Blême :* pâle.
3. *Céleste :* divine.

4. *Le port :* les frais de port, que les
Thénardier laissent à la charge de
Fantine.

et la froissa dans ses mains tout le jour. Le soir elle entra chez un barbier**¹** qui habitait le coin de la rue, et défit son peigne**²**. Ses admirables cheveux blonds lui tombèrent jusqu'aux reins.

10   – Les beaux cheveux ! s'écria le barbier.

– Combien m'en donneriez-vous ? dit-elle.

– Dix francs.

– Coupez-les.

Elle acheta une jupe de tricot et l'envoya aux Thénardier.

15   Cette jupe fit les Thénardier furieux. C'était de l'argent qu'ils voulaient. Ils donnèrent la jupe à Éponine. La pauvre Alouette continua de frissonner.

Fantine pensa : – Mon enfant n'a plus froid. Je l'ai habillée de mes cheveux. – Elle mettait de petits bonnets ronds qui cachaient sa tête tondue et avec lesquels elle était encore jolie.

20   Un travail ténébreux se faisait dans le cœur de Fantine. Quand elle vit qu'elle ne pouvait plus se coiffer, elle commença à tout prendre en haine autour d'elle. Elle avait longtemps partagé la vénération de tous pour le père Madeleine ; cependant, à force de se répéter que c'était lui qui l'avait chassée, et qu'il était la cause de son malheur, elle en vint à le haïr lui aussi, lui surtout. Quand elle passait devant la fabrique aux heures où les ouvriers sont sur la porte, elle affectait de rire et de chanter.

25

[...] Un jour elle reçut des Thénardier une lettre ainsi conçue : « Cosette est malade d'une maladie qui est dans le pays. Une fièvre miliaire, qu'ils appellent. Il faut des drogues**³** chères. Cela nous ruine et nous ne pouvons plus payer. Si vous ne nous envoyez pas quarante francs avant huit jours, la petite est morte. » [...]

30

Vocabulaire
1. *Chez un barbier* : à l'époque, artisan qui coupe la barbe et les cheveux.
2. *Son peigne* : le peigne qui retient ses cheveux en chignon.
3. *Drogues* : médicaments.

Les Misérables

Comme elle passait sur la place, elle vit beaucoup de monde qui
35 entourait une voiture de forme bizarre, sur l'impériale[1] de laquelle
pérorait[2] tout debout un homme vêtu de rouge. C'était un bateleur
dentiste en tournée[3], qui offrait au public des râteliers[4] complets, des
opiats[5], des poudres et des élixirs[6].

Fantine se mêla au groupe et se mit à rire comme les autres de
40 cette harangue[7] où il y avait de l'argot pour la canaille et du jargon[8]
pour les gens comme il faut. L'arracheur de dents vit cette belle fille
qui riait, et s'écria tout à coup : – Vous avez de jolies dents, la fille
qui riez là. Si vous voulez me vendre vos deux palettes, je vous donne
de chaque un napoléon d'or.

45 – Qu'est-ce que c'est que ça, mes palettes ? demanda Fantine.

– Les palettes, reprit le professeur dentiste, c'est les dents de
devant, les deux d'en haut.

– Quelle horreur ! s'écria Fantine,

– Deux napoléons ! grommela une vieille édentée qui était là.
50 Qu'en voilà une qui est heureuse !

Fantine s'enfuit et se boucha les oreilles pour ne pas entendre
la voix enrouée de l'homme qui lui criait : – Réfléchissez, la belle !
deux napoléons, ça peut servir. Si le cœur vous en dit, venez ce soir
à l'auberge du *Tillac d'argent*, vous m'y trouverez.

55 Fantine rentra, elle était furieuse et conta la chose à sa bonne
voisine Marguerite : – Comprenez-vous ? ne voilà-t-il pas un abominable homme ? comment laisse-t-on des gens comme cela aller
dans le pays ! M'arracher mes deux dents de devant ! mais je serais
horrible ! Les cheveux repoussent, mais les dents ! Ah ! le monstre

---

Vocabulaire

1. *L'impériale* : le toit.
2. *Pérorait* : parlait avec prétention.
3. *Un bateleur dentiste en tournée* : un dentiste de foire allant de ville en ville.
4. *Râteliers* : dentiers (familier).

5. *Opiats* : pâtes servant à nettoyer les dents.
6. *Elixirs* : ici, préparation pharmaceutique.
7. *Harangue* : long discours.
8. *Jargon* : langage savant appartenant à un domaine particulier.

60 d'homme ! j'aimerais mieux me jeter d'un cinquième la tête la
première sur le pavé ! Il m'a dit qu'il serait ce soir au *Tillac d'argent*. [...]

Le lendemain matin, comme Marguerite entrait dans la chambre
de Fantine avant le jour, car elles travaillaient toujours ensemble et
65 de cette façon n'allumaient qu'une chandelle pour deux, elle trouva
Fantine assise sur son lit, pâle, glacée. Elle ne s'était pas couchée. Son
bonnet était tombé sur ses genoux. La chandelle avait brûlé toute la
nuit et était presque entièrement consumée.

Marguerite s'arrêta sur le seuil, pétrifiée[1] de cet énorme désordre,
70 et s'écria :

– Seigneur ! la chandelle qui est toute brûlée ! il s'est passé des
événements !

Puis elle regarda Fantine qui tournait vers elle sa tête sans
cheveux.

75 Fantine depuis la veille avait vieilli de dix ans.

– Jésus ! fit Marguerite, qu'est-ce que vous avez, Fantine ?

– Je n'ai rien, répondit Fantine. Au contraire. Mon enfant ne
mourra pas de cette affreuse maladie, faute de secours. Je suis contente.

En parlant ainsi, elle montrait à la vieille fille deux napoléons
80 qui brillaient sur la table.

– Ah, Jésus Dieu ! dit Marguerite. Mais c'est une fortune ! Où
avez-vous eu ces louis d'or ?

– Je les ai eus, répondit Fantine.

En même temps elle sourit. La chandelle éclairait son visage.
85 C'était un sourire sanglant. Une salive rougeâtre lui souillait le coin
des lèvres, et elle avait un trou noir dans la bouche.

Les deux dents étaient arrachées.

Elle envoya les quarante francs à Montfermeil.

Vocabulaire
1. *Pétrifiée* : immobile, comme changée en statue.

Du reste c'était une ruse des Thénardier pour avoir de l'argent.
90 Cosette n'était pas malade. [...]

XI, XII et XIII

Pour avoir crié dans la rue à l'encontre d'un bourgeois qui la taquinait,
Fantine est arrêtée par Javert, et condamnée à six mois de prison. Mais au
commissariat, un notable qu'elle ne connaît pas intervient en sa faveur.
L'inspecteur lui apprend qu'il s'agit du maire. Désolé d'avoir provoqué tant
de malheurs sans en avoir le soupçon, M. Madeleine décide de prendre en
charge Fantine et son enfant, au grand dam de Javert.

Livre sixième
Javert

I Commencement du repos

M. Madeleine fit transporter la Fantine à cette infirmerie qu'il
avait dans sa propre maison. Il la confia aux sœurs qui la mirent au
lit. Une fièvre ardente[1] était survenue. Elle passa une partie de la nuit
à délirer et à parler haut. Cependant elle finit par s'endormir. [...]

5 Javert dans cette même nuit avait écrit une lettre. Il remit lui-même
cette lettre le lendemain matin au bureau de poste de Montreuil-
sur-Mer. Elle était pour Paris, et la suscription[2] portait : *À monsieur*
Chabouillet, secrétaire de monsieur le préfet de police. Comme l'affaire
du corps de garde s'était ébruitée, la directrice du bureau de poste et
10 quelques autres personnes qui virent la lettre avant le départ et qui
reconnurent l'écriture de Javert sur l'adresse, pensèrent que c'était sa
démission qu'il envoyait. [...]

Vocabulaire
1. *Ardente* : forte.

2. *Suscription* : inscription, sur une enveloppe, du destinataire de la lettre.

Fantine, dont l'état de santé se dégrade et qui ne quitte plus son lit, se languit de revoir Cosette. Les Thénardier cependant exigent toujours plus d'argent de la part de M. Madeleine, et trouvent sans cesse de nouvelles raisons pour retarder le départ de la fillette. Survient alors un « grave incident ».

II Comment Jean peut devenir Champ

Un matin, M. Madeleine était dans son cabinet[1], occupé à régler d'avance quelques affaires pressantes de la mairie pour le cas où il se déciderait à ce voyage de Montfermeil, lorsqu'on vint lui dire que l'inspecteur de police Javert demandait à lui parler. [...]

5 – Faites entrer, dit-il.

Javert entra. [...]

– Eh bien ! qu'est-ce ? qu'y a-t-il, Javert ? [...]

– Il y a, monsieur le maire, qu'un acte coupable a été commis.

– Quel acte ?

10 – Un agent inférieur de l'autorité[2] a manqué de respect à un magistrat de la façon la plus grave. Je viens, comme c'est mon devoir, porter le fait à votre connaissance.

– Quel est cet agent ? demanda M. Madeleine.

– Moi, dit Javert.

15 – Vous ?

– Moi.

– Et quel est le magistrat qui aurait à se plaindre de l'agent ?

– Vous, monsieur le maire. [...]

M. Madeleine stupéfait ouvrit la bouche. Javert l'interrompit. [...]

20 – Monsieur le maire, il y a six semaines, à la suite de cette scène pour cette fille, j'étais furieux, je vous ai dénoncé.

– Dénoncé !

Vocabulaire
1. *Cabinet* : bureau.   **2.** *De l'autorité* : des forces de l'ordre.

Les Misérables

– À la préfecture de police de Paris.

M. Madeleine, qui ne riait pas beaucoup plus souvent que Javert,
25 se mit à rire.

– Comme maire ayant empiété[1] sur la police ?

– Comme ancien forçat.

Le maire devint livide[2]. [...]

– Et que vous a-t-on répondu ?

30 – Que j'étais fou.

– Eh bien ?

– Eh bien, on avait raison.

– C'est heureux que vous le reconnaissiez !

– Il faut bien, puisque le véritable Jean Valjean est trouvé.

35 La feuille que tenait M. Madeleine lui échappa des mains, il leva
la tête, regarda fixement Javert, et dit avec un accent inexprimable :

– Ah !

Javert poursuivit :

– Voilà ce que c'est, monsieur le maire. Il paraît qu'il y avait
40 dans le pays, du côté d'Ailly-le-Haut-Clocher, une espèce de bonhomme qu'on appelait le père Champmathieu. C'était très misérable. On n'y faisait pas attention. Ces gens-là, on ne sait pas de
quoi cela vit. Dernièrement, cet automne, le père Champmathieu
a été arrêté pour un vol de pommes à cidre, commis chez... – enfin
45 n'importe [...]. On coffre le drôle[3]. Jusqu'ici ce n'est pas beaucoup
plus qu'une affaire correctionnelle[4]. Mais voici qui est de la providence[5]. La geôle[6] étant en mauvais état, monsieur le juge d'instruction trouve à propos de faire transférer Champmathieu à Arras où
est la prison départementale. Dans cette prison d'Arras, il y a un
50 ancien forçat nommé Brevet qui est détenu pour je ne sais quoi et

---

Vocabulaire

1. *Ayant empiété* : ayant outrepassé son autorité.
2. *Livide* : très pâle.
3. *Le drôle* : le coquin (familier).

4. *Correctionnelle* : qui concerne un délit.
5. *Providence* : chance.
6. *La geôle* : la cellule du prisonnier.

qu'on a fait guichetier de chambrée[1] parce qu'il se conduit bien. Monsieur le maire, Champmathieu n'est pas plus tôt débarqué que voilà Brevet qui s'écrie : « Eh mais ! je connais cet homme-là. C'est un fagot[2]. Regardez-moi donc, bonhomme ! Vous êtes Jean
55 Valjean ! – Jean Valjean ! qui ça Jean Valjean ? Le Champmathieu joue l'étonné. – Ne fais donc pas le sinvre[3], dit Brevet. Tu es Jean Valjean ! Tu as été au bagne de Toulon. Il y a vingt ans. Nous y étions ensemble. – Le Champmathieu nie. Parbleu[4] ! vous comprenez. On approfondit. On me fouille cette aventure-là. [...] On
60 s'informe à Toulon. Avec Brevet, il n'y a plus que deux forçats qui aient vu Jean Valjean. Ce sont les condamnés à vie Cochepaille et Chenildieu. On les extrait du bagne et on les fait venir. On les confronte au prétendu Champmathieu. Ils n'hésitent pas. Pour eux comme pour Brevet, c'est Jean Valjean. Même âge, il a cinquante-
65 quatre ans, même taille, même air, même homme enfin, c'est lui. C'est en ce moment-là même que j'envoyais ma dénonciation à la préfecture de Paris. On me répond que je perds l'esprit[5] et que Jean Valjean est à Arras au pouvoir de la justice. Vous concevez[6] si cela m'étonne, moi qui croyais tenir ici ce même Jean Valjean ! J'écris
70 à monsieur le juge d'instruction. Il me fait venir, on m'amène le Champmathieu...

– Eh bien ? interrompit M. Madeleine.

Javert répondit avec son visage incorruptible et triste :

– Monsieur le maire, la vérité est la vérité. J'en suis fâché, mais
75 c'est cet homme-là qui est Jean Valjean. Moi aussi je l'ai reconnu.

M. Madeleine reprit d'une voix très basse : [...]

– Et que dit cet homme ?

– Ah, dame ! monsieur le maire, l'affaire est mauvaise. Si c'est Jean

---

Vocabulaire

1. *Guichetier de chambrée* : assistant du gardien chargé d'ouvrir et de fermer les portes des cellules.
2. *Fagot* : ancien forçat.
3. *Sinvre* : idiot (argot).
4. *Parbleu* : bien sûr.
5. *Je perds l'esprit* : je deviens fou.
6. *Concevez* : pensez.

Valjean, il y a récidive[1]. [...]. Ce n'est plus la police correctionnelle,
80 c'est la cour d'assises[2]. Ce n'est plus quelques jours de prison, ce sont
les galères à perpétuité. [...] C'est porté aux assises, à Arras. Je vais
y aller pour témoigner. Je suis cité[3]. [...]

– Quel jour donc ?

– Mais je croyais avoir dit à monsieur le maire que cela se jugeait
85 demain et que je partais par la diligence cette nuit. [...]

Il sortit. M. Madeleine resta rêveur, écoutant ce pas ferme et
assuré qui s'éloignait sur le pavé du corridor[4].

Livre septième
L'affaire Champmathieu

I à IX

*Alors que Fantine est au plus mal, M. Madeleine, qui n'est autre
que le véritable Jean Valjean, part à l'aube pour Arras. L'ancien forçat pénètre avec émotion dans la salle d'audience où se tient le procès
du pauvre Champmathieu, comme s'est tenu le sien plus de vingt ans
auparavant.*

*Avant de rendre un jugement définitif, l'avocat général invite à la barre
les trois forçats qui l'ont connu : Brevet, Chenildieu et Clochepaille. Les
trois hommes déclarent avec certitude reconnaître Jean Valjean.*

X Le système de dénégations

[...] Chacune des affirmations de ces trois hommes, évidemment
sincères et de bonne foi, avait soulevé dans l'auditoire[5] un mur-

---

Vocabulaire

1. *Récidive* : nouvelle infraction s'ajoutant aux anciennes.
2. *La cour d'assises* : tribunal qui juge les crimes.

3. *Cité* : sous-entendu « cité à comparaître », c'est-à-dire obligé de se présenter lors du procès.
4. *Corridor* : couloir.
5. *Auditoire* : ici, personnes qui assistent au procès.

mure de fâcheux augure[1] pour l'accusé, murmure qui croissait[2] et se prolongeait plus longtemps chaque fois qu'une déclaration nouvelle
5 venait s'ajouter à la précédente. L'accusé, lui, les avait écoutées avec ce visage étonné qui, selon l'accusation, était son principal moyen de défense. À la première, les gendarmes ses voisins l'avaient entendu grommeler entre ses dents : Ah bien ! en voilà un ! Après la seconde il dit un peu plus haut, d'un air presque satisfait : Bon ! À la troisième
10 il s'écria : Fameux !

Le président l'interpella :

– Accusé, vous avez entendu. Qu'avez-vous à dire ?

Il répondit : – Je dis – Fameux !

Une rumeur éclata dans le public et gagna presque le jury. Il était
15 évident que l'homme était perdu.

– Huissiers[3], dit le président, faites faire silence. Je vais clore les débats[4].

En ce moment un mouvement se fit tout à côté du président. On entendit une voix qui criait :

20 – Brevet, Chenildieu, Cochepaille ! regardez de ce côté-ci. Tous ceux qui entendirent cette voix se sentirent glacés[5], tant elle était lamentable et terrible. Les yeux se tournèrent vers le point d'où elle venait. Un homme, placé parmi les spectateurs privilégiés qui étaient assis derrière la cour[6], venait de se lever, avait poussé la
25 porte à hauteur d'appui qui séparait le tribunal[7] du prétoire[8], et était debout au milieu de la salle. Le président, l'avocat général[9],

---

Vocabulaire

1. *De fâcheux augure* : de mauvais présage.
2. *Croissait* : grandissait.
3. *Huissiers* : officiers qui assurent le bon déroulement des audiences.
4. *Clore les débats* : terminer les discussions pour que le verdict puisse être rendu.
5. *Glacés* : immobiles de stupeur.

6. *La cour* : le tribunal.
7. *Le tribunal* : dans la salle d'audience, lieu où se tiennent les magistrats.
8. *Prétoire* : dans la salle d'audience, lieu où se tient le public.
9. *L'avocat général* : au tribunal, magistrat représentant les citoyens chargé de faire appliquer la loi.

M. Bamatabois, vingt personnes, le reconnurent, et s'écrièrent à la fois :

– Monsieur Madeleine !

XI Champmathieu de plus en plus étonné

[...] M. Madeleine se tourna vers les jurés et vers la cour et dit d'une voix douce :

– Messieurs les jurés, faites relâcher l'accusé. Monsieur le président, faites-moi arrêter. L'homme que vous cherchez, ce n'est pas
5 lui, c'est moi. Je suis Jean Valjean. [...]

Il sortit, et la porte se referma comme elle avait été ouverte, car ceux qui font de certaines choses souveraines[1] sont toujours sûrs d'être servis par quelqu'un dans la foule. [...]

Livre huitième
Contre-coup

De retour à Montreuil-sur-Mer, Jean Valjean se rend au chevet de Fantine, à l'agonie. Javert l'y rejoint, et l'arrête. Le sort réservé à son protecteur vient à bout des derniers souffles de la jeune femme, qui meurt sans revoir Cosette. Emprisonné à Montreuil-sur-Mer, Jean Valjean brise un barreau de la fenêtre de sa cellule, et reprend sa liberté.

Vocabulaire
1. *Souveraines* : extraordinaires.

Deuxième partie

Cosette

Livre premier
Waterloo

Le 18 juin 1815, Napoléon perd la bataille de Waterloo. Malgré la surveillance des patrouilles, un rôdeur nocturne pille les soldats morts. Au moment où il vole la croix d'argent et la Légion d'honneur d'un officier, celui-ci se réveille. Il s'appelle Pontmercy, il est seulement blessé, et pense confusément que l'homme est en train de le secourir. Ce rôdeur n'est autre qu'un dénommé Thénardier.

Livre deuxième
Le vaisseau *L'Orion*

Jean Valjean, repris, est condamné à perpétuité au bagne. Il purge sa peine à Toulon. De corvée sur l'Orion, un navire de l'arsenal, il sauve un marin et tombe à l'eau. Les journaux annoncent sa mort.

Les Misérables

Livre troisième
Accomplissement de la promesse
faite à la morte

[...]

II Deux portraits complétés

On n'a encore aperçu dans ce livre les Thénardier que de profil ; le moment est venu de tourner autour de ce couple et de le regarder sous toutes ses faces.

Thénardier venait de dépasser ses cinquante ans ; madame
5 Thénardier touchait à la quarantaine, qui est la cinquantaine de la femme ; de façon qu'il y avait équilibre d'âge entre la femme et le mari.

Les lecteurs ont peut-être, dès sa première apparition, conservé quelque souvenir de cette Thénardier grande, blonde, rouge, grasse,
10 charnue, carrée, énorme et agile ; elle tenait, nous l'avons dit, de la race de ces sauvagesses colosses qui se cambrent dans les foires avec des pavés pendus à leur chevelure. Elle faisait tout dans le logis, les lits, les chambres, la lessive, la cuisine, la pluie, le beau temps, le diable. Elle avait pour tout domestique Cosette ; une souris au ser-
15 vice d'un éléphant. Tout tremblait au son de sa voix, les vitres, les meubles et les gens. Son large visage, criblé[1] de taches de rousseur, avait l'aspect d'une écumoire[2]. Elle avait de la barbe. C'était l'idéal d'un fort de la halle[3] habillé en fille. [...] Quand on l'entendait parler, on disait : C'est un gendarme ; quand on la regardait boire, on disait :
20 C'est un charretier ; quand on la voyait manier[4] Cosette, on disait : C'est le bourreau. Au repos, il lui sortait de la bouche une dent.

Vocabulaire
1. *Criblé* : tacheté.
2. *Écumoire* : passoire.

3. *Fort de la halle* : personne manipulant les marchandises aux Halles, grand marché de Paris.
4. *Manier* : diriger.

abony

Le Thénardier était un homme petit, maigre, blême, anguleux, osseux, chétif[1], qui avait l'air malade et qui se portait à merveille ; sa fourberie[2] commençait là. Il souriait habituellement par précaution,
25 et était poli à peu près avec tout le monde, même avec le mendiant auquel il refusait un liard[3]. Il avait le regard d'une fouine et la mine d'un homme de lettres. [...] Sa coquetterie consistait à boire avec les rouliers[4]. Personne n'avait jamais pu le griser[5]. Il fumait dans une grosse pipe. Il portait une blouse et sous sa blouse un vieil habit noir. [...]
30 Thénardier avait ce je ne sais quoi de rectiligne dans le geste qui, avec un juron, rappelle la caserne et, avec un signe de croix, le sémi-naire[6]. Il était beau parleur. Il se laissait croire savant. [...]

= insult

Cet homme et cette femme, c'était ruse et rage mariées ensemble, attelage hideux et terrible.
35 Pendant que le mari ruminait[7] et combinait, la Thénardier, elle, ne pensait pas aux créanciers[8] absents, n'avait souci d'hier ni de demain, et vivait avec emportement[9], toute dans la minute.

Tels étaient ces deux êtres. Cosette était entre eux, subissant leur double pression, comme une créature qui serait à la fois broyée par une
40 meule[10] et déchiquetée par une tenaille. L'homme et la femme avaient chacun une manière différente ; Cosette était rouée de coups, cela venait de la femme ; elle allait pieds nus l'hiver, cela venait du mari.

Cosette montait, descendait, lavait, brossait, frottait, balayait, courait, trimait[11], haletait, remuait des choses lourdes, et, toute
45 chétive, faisait les grosses besognes[12]. Nulle pitié ; une maîtresse

Vocabulaire
1. *Chétif* : d'aspect fragile.
2. *Fourberie* : nature d'escroc.
3. *Liard* : petite monnaie de bronze sans valeur.
4. *Rouliers* : conducteurs de voiture à cheval qui assuraient le transport des marchandises.
5. *Griser* : rendre ivre.
6. *Séminaire* : école religieuse.
7. *Ruminait* : réfléchissait.
8. *Créanciers* : personnes à qui l'on doit de l'argent.
9. *Emportement* : colère et violence.
10. *Meule* : pierre de moulin servant à écraser le grain.
11. *Trimait* : travaillait très durement.
12. *Besognes* : travaux.

farouche, un maître venimeux. La gargote Thénardier était comme une toile où Cosette était prise et tremblait. L'idée de l'oppression[1] était réalisée par cette domesticité sinistre. C'était quelque chose comme la mouche servante des araignées. [...]

III Il faut du vin aux hommes et de l'eau aux chevaux

[...] Cosette songeait tristement ; car, quoiqu'elle n'eût que huit ans, elle avait déjà tant souffert qu'elle rêvait avec l'air lugubre[2] d'une vieille femme.

Elle avait la paupière noire d'un coup de poing que la Thénardier
5 lui avait donné, ce qui faisait de temps en temps dire à la Thénardier :
– Est-elle laide avec son pochon sur l'œil !

Cosette pensait donc qu'il était nuit, très nuit, qu'il avait fallu remplir à l'improviste les pots et les carafes dans les chambres des voyageurs survenus, et qu'il n'y avait plus d'eau dans la fontaine[3].

10 Ce qui la rassurait un peu, c'est qu'on ne buvait pas beaucoup d'eau dans la maison Thénardier. Il ne manquait pas là de gens qui avaient soif ; mais c'était de cette soif qui s'adresse plus volontiers au broc[4] qu'à la cruche[5]. Qui eût demandé un verre d'eau parmi ces verres de vin eût semblé un sauvage à tous ces hommes. Il y eut pourtant un moment où
15 l'enfant trembla ; la Thénardier souleva le couvercle d'une casserole qui bouillait sur le fourneau, puis saisit un verre, et s'approcha vivement de la fontaine. Elle tourna le robinet, l'enfant avait levé la tête et suivait tous ses mouvements. Un maigre filet d'eau coula du robinet et remplit le verre à moitié. – Tiens, dit-elle, il n'y a plus d'eau ! puis elle eut un
20 moment de silence. L'enfant ne respirait pas. [...]

Vocabulaire

1. *L'idée de l'oppression* : la définition de ce qu'est la tyrannie.
2. *Lugubre* : profondément triste.
3. *Fontaine* : réserve d'eau potable de l'auberge.

4. *Broc* : récipient dans lequel on met le vin.
5. *Cruche* : récipient dans lequel on met l'eau.

La Thénardier ouvrit toute grande la porte de la rue :

– Eh bien, va en chercher !

Cosette baissa la tête et alla prendre un seau vide qui était au coin de la cheminée.

25 Ce seau était plus grand qu'elle, et l'enfant aurait pu s'asseoir dedans et y tenir à l'aise. [...]

– Tiens, mamselle Crapaud, ajouta-t-elle, en revenant tu prendras un gros pain chez le boulanger. Voilà une pièce de quinze sous.

Cosette avait une petite poche de côté à son tablier ; elle prit la
30 pièce sans dire un mot, et la mit dans cette poche. [...]

IV Entrée en scène d'une poupée

Portant son seau à travers le village, Cosette s'arrête un instant devant une poupée exposée dans la vitrine d'une boutique. Mais la Thénardier lui rappelle brutalement son devoir.

V La petite toute seule

Comme l'auberge Thénardier était dans cette partie du village qui est près de l'église, c'était à la source du bois du côté de Chelles que Cosette devait aller puiser[1] de l'eau.

Plus elle cheminait, plus les ténèbres devenaient épaisses. Il n'y
5 avait plus personne dans les rues. [...]

Il n'y avait que sept ou huit minutes de la lisière[2] du bois à la source. Cosette connaissait le chemin pour l'avoir fait plusieurs fois le jour. Chose étrange, elle ne se perdit pas. Un reste d'instinct la conduisait vaguement. Elle ne jetait cependant les yeux ni à droite
10 ni à gauche, de crainte de voir des choses dans les branches et dans les broussailles. Elle arriva ainsi à la source. [...]

Vocabulaire
1. *Puiser* : prendre.   **2.** *La lisière* : le bord, l'entrée.

Les Misérables

Cosette ne prit pas le temps de respirer. Il faisait très noir, mais elle avait l'habitude de venir à cette fontaine. Elle chercha de la main gauche dans l'obscurité un jeune chêne incliné sur la source qui lui
15 servait ordinairement de point d'appui, rencontra une branche, s'y suspendit, se pencha et plongea le seau dans l'eau. Elle était dans un moment si violent que ses forces étaient triplées. Pendant qu'elle était ainsi penchée, elle ne fit pas attention que la poche de son tablier se vidait dans la source. La pièce de quinze sous tomba dans
20 l'eau. Cosette ne la vit ni ne l'entendit tomber. Elle retira le seau presque plein et le posa sur l'herbe.

Cela fait, elle s'aperçut qu'elle était épuisée de lassitude[1]. Elle eût bien voulu repartir tout de suite ; mais l'effort de remplir le seau avait été tel qu'il lui fut impossible de faire un pas. Elle fut bien
25 forcée de s'asseoir. Elle se laissa tomber sur l'herbe et y demeura accroupie.

Elle frissonnait. [...]

Elle se leva. [...] Elle n'eut plus qu'une pensée, s'enfuir ; s'enfuir à toutes jambes, à travers bois, à travers champs, jusqu'aux maisons,
30 jusqu'aux fenêtres, jusqu'aux chandelles allumées. Son regard tomba sur le seau qui était devant elle. Tel était l'effroi[2] que lui inspirait la Thénardier qu'elle n'osa pas s'enfuir sans le seau d'eau. Elle saisit l'anse à deux mains. Elle eut de la peine à soulever le seau.

Elle fit ainsi une douzaine de pas, mais le seau était plein, il était
35 lourd, elle fut forcée de le reposer à terre. Elle respira un instant, puis elle enleva l'anse de nouveau, et se remit à marcher, cette fois un peu plus longtemps. Mais il fallut s'arrêter encore. Après quelques secondes de repos, elle repartit. Elle marchait penchée en avant, la tête baissée, comme une vieille ; le poids du seau tendait et roidissait[3] ses bras
40 maigres ; l'anse de fer achevait d'engourdir et de geler ses petites mains

---

Vocabulaire
1. *Lassitude* : fatigue intense.
2. *L'effroi* : la crainte.

3. *Roidissait* : raidissait.

mouillées ; de temps en temps elle était forcée de s'arrêter, et chaque fois qu'elle s'arrêtait l'eau froide qui débordait du seau tombait sur ses jambes nues. Cela se passait au fond d'un bois, la nuit, en hiver, loin de tout regard humain ; c'était un enfant de huit ans. [...]

45 Parvenue près d'un vieux châtaignier qu'elle connaissait, elle fit une dernière halte[1] plus longue que les autres pour se bien reposer, puis elle rassembla toutes ses forces, reprit le seau et se remit à marcher courageusement. Cependant le pauvre petit être désespéré ne put s'empêcher de s'écrier : Ô mon Dieu ! mon Dieu !

50 En ce moment, elle sentit tout à coup que le seau ne pesait plus rien. Une main, qui lui parut énorme, venait de saisir l'anse et la soulevait vigoureusement. Elle leva la tête. Une grande forme noire, droite et debout, marchait auprès d'elle dans l'obscurité. C'était un homme qui était arrivé derrière elle et qu'elle n'avait pas entendu venir. Cet 55 homme, sans dire un mot, avait empoigné l'anse du seau qu'elle portait.

Il y a des instincts pour toutes les rencontres de la vie. L'enfant n'eut pas peur.

[...]

VII Cosette côte à côte dans l'ombre avec l'inconnu

[...] L'homme lui adressa la parole. Il parlait d'une voix grave et presque basse.

– Mon enfant, c'est bien lourd pour vous ce que vous portez là. Cosette leva la tête et répondit :

5 – Oui, monsieur.

– Donnez, reprit l'homme, je vais vous le porter. Cosette lâcha le seau. L'homme se mit à cheminer près d'elle.

– C'est très lourd, en effet, dit-il entre ses dents. [...]

Vocabulaire
1. *Halte* : pause.

Les Misérables

L'homme s'arrêta, il posa le seau à terre, se pencha et mit ses deux
10 mains sur les deux épaules de l'enfant, faisant effort pour la regarder
et voir son visage dans l'obscurité.

La figure maigre et chétive de Cosette se dessinait vaguement
à la lueur livide du ciel.

– Comment t'appelles-tu ?

15 – Cosette.

L'homme eut comme une secousse électrique. Il la regarda encore,
puis il ôta ses mains de dessus les épaules de Cosette, saisit le seau,
et se remit à marcher. [...]

Ils atteignirent le village ; Cosette guida l'étranger dans les
20 rues. Ils passèrent devant la boulangerie, mais Cosette ne songea
pas au pain qu'elle devait rapporter. L'homme avait cessé de lui
faire des questions et gardait maintenant un silence morne[1]. [...]
Comme ils approchaient de l'auberge, Cosette lui toucha le bras
timidement.

25 – Monsieur ?

– Quoi, mon enfant ? [...]

– Voulez-vous me laisser reprendre le seau à présent ?

– Pourquoi ?

– C'est que si madame voit qu'on me l'a porté, elle me battra.

30 L'homme lui remit le seau. Un instant après, ils étaient à la porte
de la gargote.

VIII Désagrément de recevoir
chez soi un pauvre qui est peut-être un riche

[...] La porte s'ouvrit. La Thénardier parut une chandelle
à la main.

Vocabulaire
1. *Morne* : sombre et triste.

– Ah ! c'est toi, petite gueuse[1] ! Dieu merci, tu y as mis le temps !
elle se sera amusée, la drôlesse[2] !

5 – Madame, dit Cosette toute tremblante, voilà un monsieur qui
vient loger[3].

La Thénardier remplaça bien vite sa mine bourrue[4] par sa grimace
aimable, changement à vue[5] propre aux aubergistes, et chercha avidement[6] des yeux le nouveau venu.

10 – C'est monsieur ? dit-elle.

– Oui, madame, répondit l'homme en portant la main à son
chapeau.

[...] Sur ce, la Thénardier s'écria :

– Ah ! çà, brave homme, je suis bien fâchée, mais c'est que je n'ai
15 plus de place.

– Mettez-moi où vous voudrez, dit l'homme, au grenier, à l'écurie.
Je payerai comme si j'avais une chambre.

– Quarante sous.

– Quarante sous. Soit.

20 – À la bonne heure. [...]

Cependant l'homme, après avoir laissé sur un banc son paquet
et son bâton, s'était assis à une table où Cosette s'était empressée de
poser une bouteille de vin et un verre. [...]

L'homme, qui avait à peine trempé ses lèvres dans le verre de vin
25 qu'il s'était versé, considérait l'enfant avec une attention étrange.

Cosette était laide. Heureuse, elle eût peut-être été jolie. Nous
avons déjà esquissé[7] cette petite figure sombre[8]. Cosette était maigre
et blême ; elle avait près de huit ans, on lui en eût donné à peine

---

Vocabulaire

1. *Gueuse* : misérable.
2. *Drôlesse* : friponne (familier).
3. *Loger* : occuper une chambre de l'auberge.
4. *Mine bourrue* : mauvaise humeur qui se voit sur le visage.

5. *À vue* : immédiat, spontané.
6. *Avidement* : avec zèle.
7. *Esquissé* : dessiné rapidement.
8. *Sombre* : ici, misérable, malheureuse.

six. Ses grands yeux enfoncés dans une sorte d'ombre étaient presque
30 éteints à force d'avoir pleuré. Les coins de sa bouche avaient cette
courbe de l'angoisse habituelle, qu'on observe chez les condamnés et
chez les malades désespérés. Ses mains étaient, comme sa mère l'avait
deviné, « perdues d'engelures[1] ». Le feu qui l'éclairait en ce moment
faisait saillir[2] les angles de ses os et rendait sa maigreur affreusement
35 visible. Comme elle grelottait toujours, elle avait pris l'habitude de
serrer ses deux genoux l'un contre l'autre. Tout son vêtement n'était
qu'un haillon qui eût fait pitié l'été et qui faisait horreur l'hiver.
Elle n'avait sur elle que de la toile trouée ; pas un chiffon de laine.
On voyait sa peau çà et là, et l'on y distinguait partout des taches
40 bleues ou noires qui indiquaient les endroits où la Thénardier l'avait
touchée. Ses jambes nues étaient rouges et grêles[3]. Le creux de ses
clavicules était à faire pleurer. Toute la personne de cette enfant, son
allure, son attitude, le son de sa voix, ses intervalles entre un mot et
l'autre, son regard, son silence, son moindre geste, exprimaient et
45 traduisaient une seule idée : la crainte.

La crainte était répandue sur elle ; elle en était pour ainsi dire cou-
verte ; la crainte ramenait ses coudes contre ses hanches, retirait ses
talons sous ses jupes, lui faisait tenir le moins de place possible, ne lui
laissait de souffle que le nécessaire, et était devenue ce qu'on pourrait
50 appeler son habitude de corps, sans variation possible que d'augmen-
ter. Il y avait au fond de sa prunelle[4] un coin étonné où était la terreur.

Cette crainte était telle qu'en arrivant, toute mouillée comme
elle était, Cosette n'avait pas osé s'aller sécher au feu et s'était remise
silencieusement à son travail.

55 L'expression du regard de cette enfant de huit ans était habituellement si morne et parfois si tragique qu'il semblait, à de cer-

---

Vocabulaire

1. *Perdues d'engelures* : marquées de
crevasses, de rougeurs et d'œdèmes
dus au froid.

2. *Saillir* : sortir.
3. *Grêles* : longues et maigres.
4. *Prunelle* : pupille.

tains moments, qu'elle fût en train de devenir une idiote ou un démon. [...]

Tout à coup la Thénardier s'écria :

60 — À propos ! et ce pain ?

Cosette, selon sa coutume toutes les fois que la Thénardier élevait la voix, sortit bien vite de dessous la table.

Elle avait complètement oublié ce pain. Elle eut recours à l'expédient[1] des enfants toujours effrayés. Elle mentit.

65 — Madame, le boulanger était fermé. [...]

— Je saurai demain si c'est vrai, dit la Thénardier, et si tu mens tu auras une fière danse[2]. En attendant, rends-moi la pièce-quinze-sous. [...]

Pour éviter à Cosette, qui a laissé tomber la pièce dans la fontaine, d'être battue, le voyageur, vêtu d'une redingote jaune, rembourse la Thénardier, sous les yeux étonnés de la petite fille.

Cependant une porte s'était ouverte et Éponine et Azelma étaient
70 entrées.

C'étaient vraiment deux jolies petites filles, plutôt bourgeoises que paysannes, très charmantes, l'une avec ses tresses châtaines bien lustrées, l'autre avec ses longues nattes noires tombant derrière le dos, toutes deux vives, propres, grasses, fraîches et saines à réjouir le regard.
75 Elles étaient chaudement vêtues, mais avec un tel art maternel[3], que l'épaisseur des étoffes n'ôtait rien à la coquetterie de l'ajustement[4]. L'hiver était prévu sans que le printemps fût effacé. Ces deux petites dégageaient de la lumière. En outre, elles étaient régnantes[5]. [...]

Vocabulaire

1. *Elle eut recours à l'expédient* : elle se servit du moyen.

2. *Une fière danse* : on te battra sans ménagement (familier).

3. *Un tel art maternel* : d'une façon qui laissait si bien voir l'habileté de leur mère.

4. *Ajustement* : arrangement de leurs vêtements.

5. *Elles étaient régnantes* : elles étaient les reines de la maison.

Les Misérables

Elles vinrent s'asseoir au coin du feu. Elles avaient une poupée
80 qu'elles tournaient et retournaient sur leurs genoux avec toutes
sortes de gazouillements joyeux. De temps en temps, Cosette levait
les yeux de son tricot, et les regardait jouer d'un air lugubre. [...]

La poupée des sœurs Thénardier était très fanée et très vieille et
toute cassée, mais elle n'en paraissait pas moins admirable à Cosette,
85 qui de sa vie n'avait eu une poupée, *une vraie poupée*, pour nous servir
d'une expression que tous les enfants comprendront.

Tout à coup, la Thénardier, qui continuait d'aller et de venir dans
la salle, s'aperçut que Cosette avait des distractions et qu'au lieu de
travailler elle s'occupait des petites qui jouaient.

90 – Ah ! je t'y prends ! cria-t-elle. C'est comme cela que tu travailles !
Je vais te faire travailler à coups de martinet[1], moi.

L'étranger, sans quitter sa chaise, se tourna vers la Thénardier.

– Madame, dit-il en souriant d'un air presque craintif, bah ! lais-
sez-la jouer ! [...]

95 – Il faut qu'elle travaille puisqu'elle mange. Je ne la nourris pas
à rien faire.

– Qu'est-ce qu'elle fait donc ? reprit l'étranger de cette voix douce
qui contrastait si étrangement avec ses habits de mendiant et ses
épaules de portefaix[2].

100 La Thénardier daigna répondre :

– Des bas, s'il vous plaît. Des bas pour mes petites filles qui n'en
ont pas, autant dire, et qui vont tout à l'heure[3] pieds nus.

L'homme regarda les pauvres pieds rouges de Cosette, et continua : [...]

105 – J'achète cette paire de bas, [...] et – ajouta-t-il en tirant de sa
poche une pièce de cinq francs qu'il posa sur la table – je la paye.

Vocabulaire
1. *Martinet* : petit fouet à lanières de cuir.
2. *Portefaix* : homme habitué à porter de lourdes charges.
3. *Tout à l'heure* : tout le temps.

Puis il se tourna vers Cosette.

– Maintenant ton travail est à moi. Joue, mon enfant.

Le roulier[1] fut si ému de la pièce de cinq francs, qu'il laissa là son
110 verre et accourut. [...]

Cosette avait laissé là son tricot, mais elle n'était pas sortie de
sa place. Cosette bougeait toujours le moins possible. Elle avait pris
dans une boîte derrière elle quelques vieux chiffons et son petit sabre
de plomb. [...]

115 Une petite fille sans poupée est à peu près aussi malheureuse et
tout à fait aussi impossible qu'une femme sans enfants.

Cosette s'était donc fait une poupée avec le sabre.

La Thénardier, elle, s'était rapprochée de l'*homme jaune*. [...]

– Elle n'est donc pas à vous, cette enfant ? demanda l'homme.

120 – Oh, mon Dieu, non, monsieur ! c'est une petite pauvre que
nous avons recueillie comme cela, par charité. Une espèce d'enfant
imbécile. Elle doit avoir de l'eau dans la tête. Elle a la tête grosse[2],
comme vous voyez. Nous faisons pour elle ce que nous pouvons,
car nous ne sommes pas riches. Nous avons beau écrire à son pays[3],
125 voilà six mois qu'on ne nous répond plus. Il faut croire que sa mère
est morte.

– Ah ! dit l'homme, et il retomba dans sa rêverie.

– C'était une pas grand'chose que cette mère, ajouta la Thénardier.
Elle abandonnait son enfant. [...]

*Pendant cette conversation, Cosette s'empare de la poupée qu'Éponine
et Azelma ont délaissée pour jouer avec le chat. Lorsque les deux fillettes
s'en aperçoivent, elles préviennent leur mère qui réprimande fortement la
petite servante. Cosette éclate en sanglots. Le voyageur sort dans la rue
un instant.*

Vocabulaire
1. *Le roulier* : ici, Thénardier.
2. *La tête grosse* : marque d'anorma-
lité.

3. *Son pays* : lieu où vit sa famille.

Les Misérables

130   La porte se rouvrit, l'homme reparut, il portait dans ses deux mains la poupée fabuleuse dont nous avons parlé et que tous les marmots du village contemplaient depuis le matin, et il la posa debout devant Cosette en disant :

    – Tiens, c'est pour toi. [...]

135   Cosette leva les yeux, elle avait vu venir l'homme à elle avec cette poupée comme elle eût vu venir le soleil, elle entendit ces paroles inouïes[1] : *c'est pour toi,* elle le regarda, elle regarda la poupée, puis elle recula lentement, et s'alla cacher tout au fond sous la table dans le coin du mur.

140   Elle ne pleurait plus, elle ne criait plus, elle avait l'air de ne plus oser respirer. [...]

    Pourtant l'attraction[2] l'emporta. Elle finit par s'approcher, et murmura timidement en se tournant vers la Thénardier :

    – Est-ce que je peux, madame ?

145   Aucune expression ne saurait rendre cet air à la fois désespéré, épouvanté et ravi.

    – Pardi ! fit la Thénardier, c'est à toi. Puisque monsieur te la donne.

    – Vrai, monsieur ? reprit Cosette, est-ce que c'est vrai ? c'est à moi, la dame ?

150   L'étranger paraissait avoir les yeux pleins de larmes. Il semblait être à ce point d'émotion où l'on ne parle pas pour ne pas pleurer. Il fit un signe de tête à Cosette, et mit la main de « la dame » dans sa petite main.

    Cosette retira vivement sa main, comme si celle de la dame la brûlait, et se mit à regarder le pavé[3]. Nous sommes forcés d'ajouter

155 qu'en cet instant-là elle tirait la langue d'une façon démesurée. Tout à coup, elle se retourna et saisit la poupée avec emportement[4].

    – Je l'appellerai Catherine, dit-elle.

Vocabulaire
1. *Inouïes* : incroyables.
2. *L'attraction* : ici, le désir de toucher la poupée.
3. *Le pavé* : le sol.
4. *Emportement* : ici, enthousiasme.

Ce fut un moment bizarre que celui où les haillons de Cosette rencontrèrent et étreignirent[1] les rubans et les fraîches mousselines[2] 160 roses de la poupée. [...]

Plusieurs heures s'écoulèrent. La messe de minuit était dite, le réveillon était fini, les buveurs s'en étaient allés, le cabaret était fermé, la salle basse était déserte, le feu s'était éteint, l'étranger était toujours à la même place et dans la même posture[3]. [...]

165 Enfin Thénardier ôta son bonnet, s'approcha doucement, et s'aventura à dire :

– Est-ce que monsieur ne va pas reposer ?

Ne va pas se coucher lui eût semblé excessif et familier. *Reposer* sentait le luxe et était du respect. Ces mots-là ont la propriété mys-
170 térieuse et admirable de gonfler le lendemain matin le chiffre de la carte à payer[4]. Une chambre où l'on *couche* coûte vingt sous ; une chambre où l'on *repose* coûte vingt francs.

– Tiens ! dit l'étranger, vous avez raison. [...]

IX Thénardier à la manœuvre

Le lendemain matin, le voyageur s'apprête à s'acquitter de son héber-gement avant de partir. La Thénardier se plaint alors du commerce qui marche mal.

– Oh ! monsieur, les temps sont bien durs ! [...] Nous avons tant de charges[5]. Tenez, cette petite nous coûte les yeux de la tête.

– Quelle petite ?

– Eh bien, la petite, vous savez ! Cosette ! l'Alouette, comme on
5 dit dans le pays !

– Ah ! dit l'homme. [...]

Vocabulaire

1. *Étreignirent* : enlacèrent.
2. *Mousselines* : tissu de coton clair, fin et léger.
3. *Posture* : position.
4. *La carte à payer* : l'addition.
5. *Charges* : dépenses obligées.

L'homme reprit, de cette voix qu'il s'efforçait de rendre indiffé-
rente et dans laquelle il y avait un tremblement :

— Et si l'on vous en débarrassait ?

10 — De qui ? de la Cosette ?

— Oui.

La face rouge et violente de la gargotière s'illumina d'un épanouissement[1] hideux.

— Ah, monsieur ! mon bon monsieur ! prenez-la, gardez-la, emme-
15 nez-la, emportez-la, sucrez-la, truffez-la, buvez-la, mangez-la, et soyez
béni de la bonne sainte Vierge et de tous les saints du paradis !

— C'est dit. [...]

— Cosette ! cria la Thénardier.

— En attendant, poursuivit l'homme, je vais toujours vous payer
20 ma dépense. Combien est-ce ?

Il jeta un coup d'œil sur la carte et ne put réprimer un mouvement de surprise :

— Vingt-trois francs ! [...]

En ce moment le Thénardier s'avança au milieu de la salle, et dit :

25 — Monsieur doit vingt-six sous.

— Vingt-six sous ! s'écria la femme.

— Vingt sous pour la chambre, reprit le Thénardier froidement, et
six pour le souper. Quant à la petite, j'ai besoin d'en causer un peu
avec monsieur. Laisse-nous, ma femme. [...]

30 — Monsieur, dit-il, tenez, je vais vous dire, c'est que je l'adore,
moi, cette enfant. [...]

— Qui ça ? demanda l'étranger.

— Eh, notre petite Cosette ! [...]

Il continua.

35 — Pardon, excuse, monsieur, mais on ne donne point son enfant
comme ça à un passant. [...] Vous comprenez ? Une supposition

---

Vocabulaire
1. *Épanouissement* : sourire qui transforme le visage.

que je la laisserais aller et que je me sacrifierais, je voudrais savoir où elle va, je ne voudrais pas la perdre de vue, je voudrais savoir chez qui elle est, pour l'aller voir de temps en temps, qu'elle sache que son bon père nourricier[1] est là, qu'il veille sur elle. Enfin il y a des choses qui ne sont pas possibles. Je ne sais seulement pas votre nom. Vous l'emmèneriez, je dirais : eh bien, l'Alouette ? où donc a-t-elle passé ? Il faudrait au moins voir quelque méchant chiffon de papier, un petit bout de passeport, quoi !

L'étranger, sans cesser de le regarder de ce regard qui va, pour ainsi dire, jusqu'au fond de la conscience, lui répondit d'un accent grave et ferme :

– Monsieur Thénardier, on n'a pas un passeport pour venir à cinq lieues de Paris. Si j'emmène Cosette, je l'emmènerai, voilà tout. Vous ne saurez pas mon nom, vous ne saurez pas ma demeure[2], vous ne saurez pas où elle sera, et mon intention est qu'elle ne vous revoie de sa vie. Je casse le fil qu'elle a au pied, et elle s'en va. Cela vous convient-il ? oui ou non ?

De même que les démons et les génies reconnaissaient à de certains signes la présence d'un dieu supérieur, le Thénardier comprit qu'il avait affaire à quelqu'un de très fort. […]

– Monsieur, dit-il, il me faut quinze cents francs.

L'étranger prit dans sa poche de côté un vieux portefeuille en cuir noir, l'ouvrit et en tira trois billets de banque qu'il posa sur la table. Puis il appuya son large pouce sur ces billets, et dit au gargotier :

– Faites venir Cosette. […]

Cosette et le voyageur s'en vont tous deux, sans autres formalités.
[…]

Vocabulaire

1. *Père nourricier* : père ayant subvenu à ses besoins lorsqu'elle était tout enfant.

2. *Ma demeure* : ici, mon adresse.

Les Misérables

Livre quatrième
La masure Gorbeau

I et II

Jean Valjean et Cosette emménagent en secret à Paris, dans un logis rudimentaire de la maison Gorbeau, au 50-52, boulevard de l'Hôpital.

III Deux malheurs mêlés font du bonheur

[...] Jean Valjean n'avait jamais rien aimé. Depuis vingt-cinq ans il était seul au monde. Il n'avait jamais été père, amant, mari, ami. Au bagne il était mauvais, sombre, chaste[1], ignorant et farouche. [...]

5   Quand il vit Cosette, quand il l'eut prise, emportée et délivrée, il sentit se remuer ses entrailles[2]. Tout ce qu'il y avait de passionné et d'affectueux en lui s'éveilla et se précipita vers cet enfant. Il allait près du lit où elle dormait, et il y tremblait de joie ; il éprouvait des épreintes[3] comme une mère et il ne savait ce que c'était ; car c'est
10 une chose bien obscure et bien douce que ce grand et étranger mouvement d'un cœur qui se met à aimer.

Pauvre vieux cœur tout neuf ! [...]

Les premiers jours s'écoulèrent dans cet éblouissement.

De son côté, Cosette, elle aussi, devenait autre, à son insu[4], pauvre
15 petit être ! Elle était si petite quand sa mère l'avait quittée qu'elle ne s'en souvenait plus. Comme tous les enfants, pareils aux jeunes pousses de la vigne qui s'accrochent à tout, elle avait essayé d'aimer. Elle n'y avait pu réussir. Tous l'avaient repoussée, les Thénardier, leurs enfants, d'autres enfants. Elle avait aimé le chien, qui était

---

Vocabulaire
1. *Chaste* : sans aventure amoureuse.
2. *Il sentit se remuer ses entrailles* : au fond de lui, ses émotions et ses sentiments s'éveillèrent.

3. *Épreintes* : contractions abdominales éprouvées par la femme sur le point d'accoucher.
4. *À son insu* : sans qu'elle ne s'en rende compte.

20 mort. Après quoi, rien n'avait voulu d'elle, ni personne. Chose lugubre à dire, et que nous avons déjà indiquée, à huit ans, elle avait le cœur froid[1]. [...]. Aussi, dès le premier jour, tout ce qui sentait et songeait en elle se mit à aimer ce bonhomme. Elle éprouvait ce qu'elle n'avait jamais ressenti, une sensation d'épanouissement[2].

25 Le bonhomme ne lui faisait même plus l'effet d'être vieux, ni d'être pauvre. Elle trouvait Jean Valjean beau, de même qu'elle trouvait le taudis[3] joli. [...]

Du reste, Jean Valjean avait bien choisi son asile[4]. Il était là dans une sécurité qui pouvait sembler entière. [...]

30 Le rez-de-chaussée du numéro 50-52, espèce d'appentis délabré[5], servait de remise[6] à des maraîchers, et n'avait aucune communication avec le premier. [...]. Le premier étage contenait, comme nous l'avons dit, plusieurs chambres et quelques greniers, dont un seulement était occupé par une vieille femme qui faisait le ménage de

35 Jean Valjean. Tout le reste était inhabité.

C'était cette vieille femme, ornée du nom de *principale locataire* et en réalité chargée des fonctions de portière[7] qui lui avait loué ce logis dans la journée de Noël. [...]

Les semaines se succédèrent. Ces deux êtres menaient dans ce

40 taudis misérable une existence heureuse.

Dès l'aube, Cosette riait, jasait[8], chantait. Les enfants ont leur chant du matin comme les oiseaux. [...]

Vocabulaire

1. *Froid* : ici, qui n'éprouvait aucun sentiment.
2. *Épanouissement* : ici, bonheur profond qui se voit sur le visage.
3. *Taudis* : logement misérable.
4. *Asile* : refuge.

5. *Appentis délabré* : pièce en mauvais état, dont le toit n'a qu'un seul versant.
6. *Remise* : réserve, rangement.
7. *Portière* : personne chargée d'ouvrir et fermer la porte d'entrée et de surveiller la maison.
8. *Jasait* : parlait pour le plaisir.

Jean Valjean s'était mis à lui enseigner à lire. Parfois, tout en faisant épeler l'enfant, il songeait que c'était avec l'idée de faire le mal
45 qu'il avait appris à lire au bagne. Cette idée avait tourné à montrer à lire à un enfant. Alors le vieux galérien souriait du sourire pensif des anges. [...]

Apprendre à lire à Cosette, et la laisser jouer, c'était à peu près là toute la vie de Jean Valjean. Et puis il lui parlait de sa mère et il
50 la faisait prier.

Elle l'appelait : *père*, et ne lui savait pas d'autre nom.

Il passait des heures à la contempler habillant et déshabillant sa poupée, et à l'écouter gazouiller. La vie lui paraissait désormais pleine d'intérêt, les hommes lui semblaient bons et justes, il ne reprochait
55 dans sa pensée plus rien à personne, il n'apercevait aucune raison de ne pas vieillir très vieux maintenant que cette enfant l'aimait. Il se voyait tout un avenir éclairé par Cosette comme par une charmante lumière.

[...]

V Une pièce de cinq francs qui tombe à terre fait du bruit

Un soir, Jean Valjean fait l'aumône à un pauvre dont le visage l'inquiète : il croit reconnaître l'inspecteur Javert. Ses doutes se confirment lorsqu'il surprend le même homme s'introduisant en secret dans la masure Gorbeau. L'ancien forçat s'enfuit immédiatement, avec Cosette.

Livre cinquième
À chasse noire meute muette

I Les zigzags de la stratégie

[...] C'était une nuit de pleine lune. Jean Valjean n'en fut pas fâché. La lune, encore très près de l'horizon, coupait dans les rues de

grands pans[1] d'ombre et de lumière. Jean Valjean pouvait se glisser le long des maisons et des murs dans le côté sombre et observer le
5 côté clair. [...]

Comme onze heures sonnaient à Saint-Étienne-du-Mont[2], il traversait la rue de Pontoise devant le bureau du commissaire de police qui est au n° 14. [...] En ce moment il vit distinctement, grâce à la lanterne du commissaire qui les trahissait, trois hommes qui le sui-
10 vaient d'assez près passer successivement sous cette lanterne dans le côté ténébreux de la rue. L'un de ces trois hommes entra dans l'allée de la maison du commissaire. Celui qui marchait en tête lui parut décidément suspect.

– Viens, enfant, dit-il à Cosette, et il se hâta de quitter la rue
15 de Pontoise.

Il fit un circuit, tourna le passage des Patriarches qui était fermé à cause de l'heure, arpenta la rue de l'Épée-de-Bois et la rue de l'Arbalète et s'enfonça dans la rue des Postes. [...]

La lune jetait une vive lumière dans ce carrefour. Jean Valjean
20 s'embusqua[3] sous une porte, calculant que si ces hommes le suivaient encore, il ne pourrait manquer de les très bien voir lorsqu'ils traverseraient cette clarté.

En effet, il ne s'était pas écoulé trois minutes que les hommes parurent. Ils étaient maintenant quatre ; tous de haute taille,
25 vêtus de longues redingotes brunes, avec des chapeaux ronds, et de gros bâtons à la main. Ils n'étaient pas moins inquiétants par leur grande stature[4] et leurs vastes poings que par leur marche sinistre dans les ténèbres. On eût dit quatre spectres déguisés en bourgeois.

Vocabulaire et nom propre

1. *De grands pans* : de grandes parties.
2. *Saint-Étienne-du-Mont* : église située près du Panthéon.

3. *S'embusqua* : se cacha pour observer.
4. *Stature* : silhouette.

30 Ils s'arrêtèrent au milieu du carrefour et firent groupe comme des gens qui se consultent. Ils avaient l'air indécis. Celui qui paraissait les conduire se tourna et désigna vivement de la main droite la direction où s'était engagé Jean Valjean ; un autre semblait indiquer avec une certaine obstination la direction contraire. À l'instant où le premier

35 se retourna, la lune éclaira en plein son visage. Jean Valjean reconnut parfaitement Javert.

II Il est heureux que le pont d'Austerlitz porte voitures

[...] Il gagna le pont d'Austerlitz.

Le pont franchi, il aperçut un peu à droite des chantiers devant lui, il y marcha. Pour y arriver, il fallait s'aventurer dans un assez vaste espace découvert et éclairé. Il n'hésita pas. Ceux qui le tra-

5 quaient étaient évidemment dépistés[1] et Jean Valjean se croyait hors de danger. Cherché, oui ; suivi, non.

Une petite rue, la rue du Chemin-Vert-Saint-Antoine, s'ouvrait entre deux chantiers enclos[2] de murs. Cette rue était étroite, obscure, et comme faite exprès pour lui. Avant d'y entrer, il regarda

10 en arrière. [...]

Quatre ombres venaient d'entrer sur le pont.

[...] Jean Valjean eut le frémissement de la bête reprise.

Il lui restait une espérance ; c'est que ces hommes peut-être n'étaient pas encore entrés sur le pont et ne l'avaient pas aperçu au

15 moment où il avait traversé, tenant Cosette par la main, la grande place éclairée.

En ce cas-là, en s'enfonçant dans la petite rue qui était devant lui, s'il parvenait à atteindre les chantiers, les marais, les cultures, les terrains non bâtis, il pouvait échapper.

Vocabulaire
1. *Étaient évidemment dépisté* : avaient bien sûr perdu sa trace.
2. *Enclos* : fermés.

20   Il lui sembla qu'on pouvait se confier à cette petite rue silencieuse. Il y entra. [...]

III Voir le plan de Paris de 1727

[...] Il se précipita en avant, plutôt qu'il ne marcha, espérant trouver quelque ruelle latérale¹, s'évader par là, et rompre encore une fois sa piste.

Il arriva à un mur. [...]

5   Que faire ?

Il n'était plus temps de rétrograder². Ce qu'il avait vu remuer dans l'ombre à quelque distance derrière lui le moment d'auparavant, c'était sans doute Javert et son escouade³. [...] Jean Valjean se sentait pris comme dans un filet qui se resserrait lentement. Il regarda
10   le ciel avec désespoir. [...]

IV à VIII

Jean Valjean et Cosette escaladent le mur et sautent de l'autre côté pendant que Javert et ses hommes fouillent l'impasse. Désorientés, l'ancien bagnard et la petite fille se trouvent dans le jardin d'une étrange bâtisse, ceint de hauts murs. Cosette, qui a abandonné sa poupée dans la cavale, est épuisée, et s'endort à même le sol. La nuit est froide, et Jean Valjean craint pour la vie de la petite fille. La silhouette d'un homme affublé de grelots se dessine dans le jardin. Le forçat joue le tout pour le tout.

IX L'homme au grelot

Il marcha droit à l'homme qu'il apercevait dans le jardin. Il avait pris à sa main le rouleau d'argent qui était dans la poche de son gilet.

Vocabulaire
1. *Latérale* : de côté.
2. *Rétrograder* : reculer.
3. *Escouade* : petite troupe.

Les Misérables

Cet homme baissait la tête et ne le voyait pas venir. En quelques enjambées, Jean Valjean fut à lui.

5 Jean Valjean l'aborda en criant :
– Cent francs !
L'homme fit un soubresaut et leva les yeux.
– Cent francs à gagner, reprit Jean Valjean, si vous me donnez asile¹ pour cette nuit !

10 La lune éclairait en plein le visage effaré de Jean Valjean.
– Tiens, c'est vous, père Madeleine ! dit l'homme. [...]

Il s'agit du Père Fauchelevent. Jean Valjean, la surprise passée, voit en lui une chance de salut. Il l'interroge.

– Qu'est-ce que c'est que cette maison-ci ? [...]
– Eh bien, c'est le couvent du Petit-Picpus donc !
Les souvenirs revenaient à Jean Valjean. Le hasard, c'est-à-dire
15 la providence², l'avait jeté précisément dans ce couvent du quartier Saint-Antoine où le vieux Fauchelevent, estropié³ par la chute de sa charrette, avait été admis sur sa recommandation, il y avait deux ans de cela. Il répéta comme se parlant à lui-même :
– Le couvent du Petit-Picpus !
20 – Ah çà, mais au fait, reprit Fauchelevent, comment diable avez-vous fait pour y entrer, vous, père Madeleine ? Vous avez beau être un saint, vous êtes un homme, et il n'entre pas d'hommes ici. [...]

Le jardinier se rappelle que Jean Valjean lui a sauvé la vie, et souhaite l'aider : il est d'accord pour ne parler de sa présence à personne, et ne poser aucune question. Fauchelevent emmène Cosette se réchauffer dans sa maison, à l'extrémité du cloître.

[...]

Vocabulaire
1. *Si vous me donnez asile* : si vous m'hébergez.
2. *Providence* : ici, chance.
3. *Estropié* : blessé à vie.

X

Les Thénardier ont déposé plainte contre l'homme qui leur a « pris »
Cosette. C'est ainsi que Javert s'est remis sur la piste de Jean Valjean.

Livres sixième et septième

Le Petit-Picpus, dans lequel se sont réfugiés Cosette et Jean Valjean,
est un couvent où vivent d'austères religieuses, qui évitent tout contact
avec le monde extérieur.

Livre huitième
Les cimetières prennent
ce qu'on leur donne

I Où il est traité de la manière d'entrer au couvent

Sentant Javert sur ses traces, Jean Valjean souhaite ardemment rester
dans ce cloître, où il est en sécurité. Mais il lui faut trouver le moyen de
justifier sa présence et celle de Cosette auprès des sœurs.

Au point du jour, ayant énormément songé[1], le père Fauchelevent
ouvrit les yeux et vit M. Madeleine qui, assis sur sa botte de paille,
regardait Cosette dormir. Fauchelevent se dressa sur son séant[2] et dit :

– Maintenant que vous êtes ici, comment allez-vous faire pour
5 y entrer ?

Ce mot résumait la situation, et réveilla Jean Valjean de sa rêverie.

[...]

– Oui, le difficile, c'est de rester.

– Non, dit Fauchelevent, c'est de sortir.

10 Jean Valjean sentit le sang lui refluer au cœur[3].

Vocabulaire
1. *Songé* : ici, réfléchi.
2. *Se dressa sur son séant* : s'assit.
3. *Refluer au cœur* : revenir en masse vers son cœur.

Les Misérables

– Sortir !

– Oui, monsieur Madeleine, pour rentrer, il faut que vous sortiez.
[...] Votre petite dort toujours. Comment se nomme-t-elle ?

– Cosette. [...]

15 – Pour elle, sortir d'ici, ce sera facile. J'ai ma porte de service qui
donne sur la cour. Je cogne. Le portier ouvre. J'ai ma hotte sur le
dos, la petite est dedans. Je sors. Le père Fauchelevent sort avec sa
hotte, c'est tout simple. [...]

II et III

*Faire sortir un homme adulte semble nettement plus difficile. Mais
Fauchelevent ne s'avoue pas vaincu. Lors d'une entrevue à propos du futur
enterrement d'une sœur défunte, le vieil homme réussit à convaincre la
prieure du couvent d'admettre Jean Valjean, qu'il fait passer pour son frère,
comme second jardinier, en échange d'un service qu'il rend. Il rapporte cet
entretien au fugitif.*

IV Où Jean Valjean a tout à fait l'air d'avoir lu Austin Castillejo

[...] Alors il expliqua à Jean Valjean que c'était une récompense
pour un service que lui, Fauchelevent, rendait à la communauté[1].
Qu'il entrait dans ses attributions[2] de participer aux sépultures[3],
qu'il clouait les bières[4] et assistait le fossoyeur[5] au cimetière. Que
5 la religieuse morte le matin avait demandé d'être ensevelie dans
le cercueil qui lui servait de lit et enterrée dans le caveau[6] sous
l'autel de la chapelle. Que cela était défendu par les règlements
de police, mais que c'était une de ces mortes à qui l'on ne refuse

---

Vocabulaire

1. *La communauté* : les religieuses vivant dans le couvent.
2. *Attributions* : fonctions.
3. *Sépultures* : enterrements.

4. *Bières* : cercueils.
5. *Fossoyeur* : fonctionnaire qui creuse les tombes.
6. *Caveau* : tombe

rien. Que la prieure[1] et les mères vocales[2] entendaient exécuter
10 le vœu de la défunte. Que tant pis pour le gouvernement. Que
lui Fauchelevent clouerait le cercueil dans la cellule[3], lèverait la
pierre dans la chapelle, et descendrait la morte dans le caveau.
Et que, pour le remercier, la prieure admettait dans la maison
son frère comme jardinier et sa nièce comme pensionnaire. Que
15 son frère, c'était M. Madeleine, et que sa nièce, c'était Cosette.
Que la prieure lui avait dit d'amener son frère le lendemain soir,
après l'enterrement postiche[4] au cimetière. Mais qu'il ne pouvait
pas amener du dehors M. Madeleine, si M. Madeleine n'était pas
dehors. Que c'était là le premier embarras. Et puis qu'il avait encore
20 un embarras, la bière vide.

– Qu'est-ce que c'est que la bière vide ? demanda Jean Valjean.

Fauchelevent répondit :

– La bière de l'administration.

– Quelle bière ? et quelle administration ?

25 – Une religieuse meurt. Le médecin de la municipalité vient et
dit : il y a une religieuse morte. Le gouvernement envoie une bière.
Le lendemain il envoie un corbillard[5] et des croque-morts[6] pour
reprendre la bière et la porter au cimetière. Les croque-morts vien-
dront et soulèveront la bière ; il n'y aura rien dedans.

30 – Mettez-y quelque chose. [...]

– Quoi donc ? [...]

– Moi, dit Jean Valjean.

Fauchelevent, qui s'était assis, se leva comme si un pétard fût
parti sous sa chaise.

Vocabulaire

1. *Prieure* : mère supérieure du couvent.
2. *Mères vocales* : religieuses qui chantent les prières.
3. *Cellule* : chambre de la religieuse.
4. *Postiche* : faux.

5. *Corbillard* : voiture chargée de transporter le cercueil au cimetière.
6. *Croque-morts* : fonctionnaires chargés de transporter les cercueils au cimetière.

35 – Vous ! [...]

– C'est convenu, père Fauchelevent. Tout ira bien.

– Pourvu que rien ne se dérange, pensa Fauchelevent. Si cela allait devenir terrible !

V et VI

Mais un événement, ou plutôt un homme inattendu, vient troubler le plan du jardinier : le fossoyeur de la commune, déterminé à accomplir jusqu'au bout son travail. Le père Fauchelevent réussit finalement à l'éloigner.

VII Où l'on trouvera l'origine du mot : ne pas perdre la carte

[...] Quand le fossoyeur eut disparu dans le fourré, Fauchelevent écouta jusqu'à ce qu'il eût entendu le pas se perdre, puis il se pencha vers la fosse et dit à demi-voix :

– Père Madeleine !

5 Rien ne répondit.

Fauchelevent eut un frémissement. Il se laissa rouler dans la fosse plutôt qu'il n'y descendit, se jeta sur la tête du cercueil et cria :

– Êtes-vous là ?

Silence dans la bière.

10 Fauchelevent, ne respirant plus à force de tremblement, prit son ciseau à froid[1] et son marteau, et fit sauter la planche de dessus. La face de Jean Valjean apparut dans le crépuscule, les yeux fermés, pâle.

[...] Fauchelevent se pencha sur Jean Valjean, et tout à coup eut une sorte de rebondissement et tout le recul qu'on peut avoir dans 15 une fosse. Jean Valjean avait les yeux ouverts, et le regardait.

Vocabulaire

1. *Ciseau à froid* : outil servant à déclouer les planches.

Voir une mort est effrayant, voir une résurrection l'est presque autant. Fauchelevent devint comme de pierre, pâle, hagard[1], bouleversé par tous ces excès d'émotions, ne sachant s'il avait affaire à un vivant ou à un mort, regardant Jean Valjean qui le regardait :

20 – Je m'endormais, dit Jean Valjean.

Et il se mit sur son séant.

Fauchelevent tomba à genoux.

– Juste bonne Vierge ! m'avez-vous fait peur !

Puis il se releva et cria :

25 – Merci, père Madeleine !

Jean Valjean n'était qu'évanoui. Le grand air l'avait réveillé. [...]

VIII et IX

L'opération est un succès, et Jean Valjean et Cosette entrent officiellement au Petit-Picpus. Cosette est admise à l'école du couvent, où elle reçoit l'instruction nécessaire, tout en voyant régulièrement Jean Valjean, qui a pris le nom d'Ultime Fauchelevent. Plusieurs années s'écoulent paisiblement.

Vocabulaire
1. *Hagard* : affolé.

Troisième partie

Marius

Livre premier
Paris étudié dans son atome

I *Parvulus*

Paris a un enfant et la forêt a un oiseau ; l'oiseau s'appelle le moineau ; l'enfant s'appelle le gamin. […]

Ce petit être est joyeux. Il ne mange pas tous les jours et il va au spectacle, si bon lui semble, tous les soirs. Il n'a pas de chemise
5   sur le corps, pas de souliers aux pieds, pas de toit sur la tête ; il est comme les mouches du ciel qui n'ont rien de tout cela. Il a de sept à treize ans, vit par bandes, bat le pavé[1], loge en plein air, porte un vieux pantalon de son père qui lui descend plus bas que les talons, un vieux chapeau de quelque autre père qui lui descend plus bas
10 que les oreilles, une seule bretelle en lisière[2] jaune, court, guette, quête, perd le temps, culotte des pipes[3], jure comme un damné, hante le cabaret, connaît des voleurs, tutoie des filles, parle argot, chante des chansons obscènes[4], et n'a rien de mauvais dans le cœur. C'est qu'il a dans l'âme une perle, l'innocence, et les perles ne se
15 dissolvent pas dans la boue. Tant que l'homme est enfant, Dieu veut qu'il soit innocent.

Vocabulaire
1. *Bat le pavé* : se promène sans but dans la ville.
2. *Lisière* : bande de tissu étroite.
3. *Culotte des pipes* : fume beaucoup.
4. *Obscènes* : grossières.

Les Misérables

Si l'on demandait à l'énorme ville : Qu'est-ce que c'est que cela ?
elle répondrait : C'est mon petit.

[...]

XIII Le petit Gavroche

Huit ou neuf ans environ après les événements racontés dans la
deuxième partie de cette histoire, on remarquait sur le boulevard
du Temple et dans les régions du Château-d'Eau un petit garçon
de onze à douze ans qui eût assez correctement réalisé cet idéal du
5 gamin ébauché plus haut, si, avec le rire de son âge sur les lèvres,
il n'eût pas eu le cœur absolument sombre et vide. Cet enfant était
bien affublé¹ d'un pantalon d'homme, mais il ne le tenait pas de
son père, et d'une camisole² de femme, mais il ne la tenait pas de sa
mère. Des gens quelconques l'avaient habillé de chiffons par charité.
10 Pourtant il avait un père et une mère. Mais son père ne songeait pas
à lui et sa mère ne l'aimait point. C'était un de ces enfants dignes de
pitié entre tous qui ont père et mère et qui sont orphelins.

Cet enfant ne se sentait jamais si bien que dans la rue. Le pavé
lui était moins dur que le cœur de sa mère.

15 Ses parents l'avaient jeté dans la vie d'un coup de pied.

Il avait tout bonnement pris sa volée.

C'était un garçon bruyant, blême, leste, éveillé, goguenard³,
à l'air vivace et maladif. Il allait, venait, chantait, jouait à la fayousse⁴,
grattait les ruisseaux, volait un peu, mais comme les chats et les pas-
20 sereaux⁵, gaîment, riait quand on l'appelait galopin, se fâchait quand
on l'appelait voyou. Il n'avait pas de gîte, pas de pain, pas de feu, pas
d'amour ; mais il était joyeux parce qu'il était libre. [...]

Vocabulaire
1. *Était bien affublé* : portait bien.
2. *Camisole* : blouse à manches longues.
3. *Goguenard* : moqueur.

4. *Fayousse* : jeu d'adresse qui consiste à lancer des pièces.
5. *Passereaux* : petits oiseaux.

Pourtant, si abandonné que fût cet enfant, il arrivait parfois, tous les deux ou trois mois, qu'il disait : Tiens, je vais voir maman !
25 Alors il quittait le boulevard, le Cirque, la porte Saint-Martin, descendait aux quais, passait les ponts, gagnait les faubourgs, atteignait la Salpêtrière, et arrivait où ? Précisément à ce double numéro 50-52 que le lecteur connaît, à la masure Gorbeau.

À cette époque, la masure 50-52, habituellement déserte et éter-
30 nellement décorée de l'écriteau : « Chambres à louer », se trouvait, chose rare, habitée par plusieurs individus qui, du reste, comme cela est toujours à Paris, n'avaient aucun lien ni aucun rapport entre eux.

[...] Les plus misérables entre ceux qui habitaient la masure étaient une famille de quatre personnes, le père, la mère et deux
35 filles déjà assez grandes, tous les quatre logés dans le même galetas[1], une de ces cellules dont nous avons déjà parlé.

Cette famille n'offrait au premier abord rien de très particulier que son extrême dénuement[2]. Le père en louant la chambre avait dit s'appeler Jondrette. [...]
40 Cette famille était la famille du joyeux va-nu-pieds. Il y arrivait et il y trouvait la pauvreté, la détresse, et, ce qui est plus triste, aucun sourire ; le froid dans l'âtre[3] et le froid dans les cœurs. Quand il entrait, on lui demandait : – D'où viens-tu ? Il répondait : – De la rue. Quand il s'en allait, on lui demandait : – Où vas-tu ? il répondait :
45 – Dans la rue. Sa mère lui disait : – Qu'est-ce que tu viens faire ici ?

Cet enfant vivait dans cette absence d'affection comme ces herbes pâles qui viennent dans les caves. Il ne souffrait pas d'être ainsi et n'en voulait à personne. Il ne savait pas au juste comment devaient être un père et une mère.
50 Du reste sa mère aimait ses sœurs.

Vocabulaire
1. *Galetas* : logement misérable.   **3.** *L'âtre* : la cheminée.
2. *Dénuement* : pauvreté.

Nous avons oublié de dire que sur le boulevard du Temple on nommait cet enfant le petit Gavroche. Pourquoi s'appelait-il Gavroche ? Probablement parce que son père s'appelait Jondrette.

[...] La chambre que les Jondrette habitaient dans la masure
55 Gorbeau était la dernière au bout du corridor. La cellule d'à côté était occupée par un jeune homme très pauvre qu'on nommait monsieur Marius.

Disons ce que c'était que monsieur Marius.

Livre deuxième
Le grand bourgeois

M. Gillenormand est un vieux bourgeois royaliste désargenté, qui demeure rue des Filles-du-Calvaire : ruiné par sa seconde femme, il vit sur les rentes de ses biens déjà vendus en viager. Il a eu deux filles, dont l'une, Mlle Gillenormand, célibataire aigrie, vit auprès de lui. La seconde, morte, a épousé au grand regret de son père un officier de l'armée de Napoléon, le colonel Pontmercy.

Livre troisième
Le grand-père et le petit-fils
II Un des spectres rouges de ce temps-là

Pontmercy est justement l'officier blessé dépouillé par le rôdeur lors de la bataille de Waterloo. De l'union du colonel Pontmercy et de la fille de M. Gillenormand est né un enfant, Marius, élevé par son grand-père dans le rejet de son père. Ce dernier vient tout de
5 même à l'église pour l'apercevoir en secret pendant la messe, où il se lie d'amitié avec un marguillier[1], Monsieur Mabeuf, à qui il raconte

---

Vocabulaire
1. *Marguillier* : personne chargée de l'entretien de l'église.

son histoire. Marius, quant à lui, est persuadé que son père ne l'a jamais aimé.

[...]

IV Fin du brigand

[...] En 1827, Marius venait d'atteindre ses dix-sept ans. Comme il rentrait un soir, il vit son grand-père qui tenait une lettre à la main.

– Marius, dit M. Gillenormand, tu partiras demain pour Vernon[1].

– Pourquoi ? dit Marius.

5   – Pour voir ton père. [...]

Il fut si stupéfait qu'il ne questionna pas M. Gillenormand. Le grand-père reprit :

– Il paraît qu'il est malade. Il te demande. [...]

Le lendemain, à la brune[2], Marius arrivait à Vernon. [...] On lui 10 indiqua le logis. Il sonna. Une femme vint lui ouvrir, une petite lampe à la main.

– Monsieur Pontmercy ? dit Marius. [...]

Elle lui désigna du doigt la porte d'une salle basse. Il entra. [...]

Le colonel était depuis trois jours atteint d'une fièvre cérébrale. 15 Au début de la maladie, ayant un mauvais pressentiment, il avait écrit à M. Gillenormand pour demander son fils. La maladie avait empiré. Le soir même de l'arrivée de Marius à Vernon, le colonel avait eu un accès de délire ; il s'était levé de son lit malgré la servante, en criant : – Mon fils n'arrive pas ! je vais au-devant de lui ! – Puis 20 il était sorti de sa chambre et était tombé sur le carreau de l'antichambre[3]. Il venait d'expirer[4].

Vocabulaire et nom propre
1. *Vernon* : ville normande située à 70 kilomètres de Paris.
2. *À la brune* : au crépuscule.

3. *Le carreau de l'antichambre* : le sol du vestibule.
4. *Expirer* : mourir.

Les Misérables

À la clarté crépusculaire de la chandelle, on distinguait sur la joue du colonel gisant[1] et pâle une grosse larme qui avait coulé de son œil mort. L'œil était éteint, mais la larme n'était pas séchée. Cette
25 larme, c'était le retard de son fils. [...]
Marius considéra cet homme qu'il voyait pour la première fois, et pour la dernière, ce visage vénérable[2] et mâle, ces yeux ouverts qui ne regardaient pas, ces cheveux blancs, ces membres robustes sur lesquels on distinguait çà et là des lignes brunes qui étaient des
30 coups de sabre et des espèces d'étoiles rouges qui étaient des trous de balles. Il considéra cette gigantesque balafre qui imprimait l'héroïsme sur cette face où Dieu avait empreint[3] la bonté. Il songea que cet homme était son père et que cet homme était mort, et il resta froid[4]. [...]
35 Le colonel ne laissait rien. La vente du mobilier paya à peine l'enterrement. La servante trouva un chiffon de papier qu'elle remit à Marius. Il y avait ceci, écrit de la main du colonel :
« – *Pour mon fils*. – L'empereur m'a fait baron sur le champ de bataille de Waterloo. Puisque la restauration[5] me conteste ce titre que
40 j'ai payé de mon sang, mon fils le prendra et le portera. Il va sans dire qu'il en sera digne. »
Derrière, le colonel avait ajouté :
« À cette même bataille de Waterloo, un sergent m'a sauvé la vie. Cet homme s'appelle Thénardier. Dans ces derniers temps, je
45 crois qu'il tenait une petite auberge dans un village des environs de Paris, à Chelles ou à Montfermeil. Si mon fils le rencontre, il fera à Thénardier tout le bien qu'il pourra. » [...]

Vocabulaire
1. *Gisant* : allongé.
2. *Vénérable* : très respectable.
3. *Empreint* : laissé l'empreinte, la trace.
4. *Froid* : sans émotion.

5. *Restauration* : régime politique qui suit la défaite de Napoléon en 1815 (après les Cent-Jours et la bataille de Waterloo). Le retour à la monarchie amène l'effacement des privilèges instaurés par l'empereur.

Marius n'était demeuré que quarante-huit heures à Vernon. Après l'enterrement, il était revenu à Paris et s'était remis à son droit, sans plus songer à son père que s'il n'eût jamais vécu. En deux jours le colonel avait été enterré, et en trois jours oublié. [...]

V L'utilité d'aller à la messe pour devenir révolutionnaire

Alors qu'il se rend à la messe, Marius rencontre M. Mabeuf, le marguillier, qui évoque les visites de son père et l'amour qu'il lui portait.

VI Ce que c'est que d'avoir rencontré un marguillier

Le jeune homme, très surpris, change peu à peu d'opinion sur le colonel Pontmercy, et se rend sur sa tombe, ainsi qu'à la bibliothèque, où il découvre les idéaux de la République et de l'Empire. Ses convictions politiques changent, en même temps qu'il réhabilite son père dans son cœur.

[...]

VIII Marbre contre granit

Lors de l'une des nombreuses absences de Marius, M. Gillenormand et sa fille s'emparent d'un mot caché dans sa redingote. Ils pensent y trouver le portrait d'une femme qu'il courtise, mais y découvrent les cartes sur lesquelles le jeune homme a fait graver le titre de baron de l'Empire qu'il a hérité de son père, héros des campagnes napoléoniennes.

[...] Quelques instants après, Marius parut. Il rentrait. Avant même d'avoir franchi le seuil du salon, il aperçut son grand-père qui tenait à la main une de ses cartes et qui, en le voyant, s'écria avec son air de supériorité bourgeoise et ricanante qui était quelque chose d'écrasant :

– Tiens ! tiens ! tiens ! tiens ! tiens ! tu es baron à présent. Je te fais mon compliment. Qu'est-ce que cela veut dire ?

Marius rougit légèrement, et répondit :

– Cela veut dire que je suis le fils de mon père.

10 M. Gillenormand cessa de rire et dit durement :

– Ton père, c'est moi.

– Mon père, reprit Marius les yeux baissés et l'air sévère, c'était un homme humble et héroïque qui a glorieusement servi la république et la France, qui a été grand dans la plus grande histoire

15 que les hommes aient jamais faite, qui a vécu un quart de siècle au bivouac[1], le jour sous la mitraille et sous les balles, la nuit dans la neige, dans la boue, sous la pluie, qui a pris deux drapeaux[2], qui a reçu vingt blessures, qui est mort dans l'oubli et dans l'abandon, et qui n'a jamais eu qu'un tort, c'est de trop aimer deux ingrats[3], son

20 pays et moi.

C'était plus que M. Gillenormand n'en pouvait entendre. À ce mot, *la république*, il s'était levé, ou pour mieux dire, dressé debout. Chacune des paroles que Marius venait de prononcer avait fait sur le visage du vieux royaliste l'effet des bouffées d'un soufflet de forge[4]

25 sur un tison ardent[5]. De sombre il était devenu rouge, de rouge pourpre[6], et de pourpre flamboyant.

– Marius ! s'écria-t-il. Abominable enfant ! je ne sais pas ce qu'était ton père ! je ne veux pas le savoir ! je n'en sais rien et je ne le sais pas ! mais ce que je sais, c'est qu'il n'y a jamais eu que des misérables

30 parmi tous ces gens-là ! c'est que c'étaient tous des gueux, des assassins, des bonnets rouges[7], des voleurs ! [...]

Vocabulaire

1. *Bivouac* : campement militaire.
2. *Qui a pris deux drapeaux* : qui a capturé deux enseignes ennemies.
3. *Ingrats* : sans reconnaissance.

4. *Soufflet de forge* : instrument utilisé pour attiser les flammes dans un atelier où l'on travaille le fer.
5. *Tison ardent* : braises rouges.
6. *Pourpre* : rouge éclatant.
7. *Bonnets rouges* : républicains, ennemis de la monarchie.

À son tour, c'était Marius qui était le tison, et M. Gillenormand qui était le soufflet. Marius frissonnait dans tous ses membres, il ne savait que devenir, sa tête flambait. [...] Il fut quelques instants ivre
35 et chancelant[1], ayant tout ce tourbillon dans la tête ; puis il leva les yeux, regarda fixement son aïeul, et cria d'une voix tonnante :

– À bas les Bourbons, et ce gros cochon de Louis XVIII !

Louis XVIII[2] était mort depuis quatre ans, mais cela lui était bien égal.

40 Le vieillard, d'écarlate qu'il était, devint subitement plus blanc que ses cheveux. [...] Et tout à coup se redressant, blême, tremblant, terrible, le front agrandi par l'effrayant rayonnement de la colère, il étendit le bras vers Marius et lui cria :

– Va-t'en.

45 Marius quitta la maison. [...]

Livre quatrième
Les amis de l'ABC

I Un groupe qui a failli devenir historique

À Paris, des sociétés secrètes républicaines s'organisent contre la monarchie. L'une d'elles, « les amis de l'ABC » (lire l'Abaissé, c'est-à-dire le peuple), dont le quartier général se trouve au cabaret Le Corinthe, compte parmi ses membres les étudiants Enjolras, Combeferre et Courfeyrac.

II Oraison funèbre de Blondeau, par Bossuet

Ne sachant où aller, Marius accepte l'hospitalité de Courfeyrac qui devient son nouvel ami.

Vocabulaire et nom propre
1. *Chancelant* : manquant de tomber.
2. *Louis XVIII* : roi régnant de 1815 à 1824, à qui Charles X avait déjà succédé.

Les Misérables

III, IV et V

Le groupuscule l'ouvre à la pensée républicaine, lui qui se croyait désormais bonapartiste comme son père.

VI *Res angusta*

Mais le plus important changement dans la vie du jeune homme concerne son manque d'argent, car il se prive dorénavant des ressources que lui offrait M. Gillenormand.

[...] Marius fut sombre. [...] Il cessa d'aller au café Musain[1]. [...]

– Qu'allez-vous devenir ? dit Courfeyrac.

– Je n'en sais rien, répondit Marius.

– Qu'allez-vous faire ?

5   – Je n'en sais rien.

– Avez-vous de l'argent ?

– Quinze francs.

– Voulez-vous que je vous en prête ?

– Jamais.

10   – Avez-vous des habits ?

[...] On fit venir le marchand d'habits. Il acheta la défroque[2] vingt francs. On alla chez l'horloger. Il acheta la montre quarante-cinq francs. [...]

Vocabulaire et nom propre

1. *Café Musain* : avec le cabaret Le Co-rinthe, lieu parisien où se retrouvent les amis de l'ABC.

2. *La défroque* : le vêtement d'occasion.

Livre cinquième
Excellence du malheur

I Marius indigent

La vie devint sévère pour Marius. Manger ses habits et sa montre, ce n'était rien. Il mangea de cette chose inexprimable qu'on appelle *de la vache enragée*. Chose horrible, qui contient les jours sans pain, les nuits sans sommeil, les soirs sans chandelle, l'âtre sans feu, les
5 semaines sans travail, l'avenir sans espérance, l'habit percé au coude, le vieux chapeau qui fait rire les jeunes filles, la porte qu'on trouve fermée le soir parce qu'on ne paye pas son loyer, l'insolence du portier et du gargotier, les ricanements des voisins, les humiliations[1], la dignité[2] refoulée, les besognes quelconques acceptées, les dégoûts,
10 l'amertume[3], l'accablement. Marius apprit comment on dévore tout cela, et comment ce sont souvent les seules choses qu'on ait à dévorer. [...] Admirable et terrible épreuve dont les faibles sortent infâmes[4], dont les forts sortent sublimes. [...]

II Marius pauvre

Il en est de la misère comme de tout. Elle arrive à devenir possible. Elle finit par prendre une forme et se composer. On végète, c'est-à-dire on se développe d'une certaine façon chétive[5], mais suffisante à la vie. Voici de quelle manière l'existence de Marius Pontmercy
5 s'était arrangée :

Il était sorti du plus étroit ; le défilé[6] s'élargissait un peu devant lui. À force de labeur[7], de courage, de persévérance[8] et de volonté, il

---

Vocabulaire

1. *Les humiliations* : la honte.
2. *La dignité* : le respect de soi-même.
3. *L'amertume* : le sentiment de découragement et de rancœur.
4. *Infâmes* : misérables.
5. *Chétive* : fragile.

6. *Le défilé* : passage étroit et encaissé.
7. *Labeur* : travail pénible.
8. *De persévérance* : d'efforts maintenus.

était parvenu à tirer de son travail environ sept cents francs par an.
Il avait appris l'allemand et l'anglais. Grâce à Courfeyrac qui l'avait
10 mis en rapport avec son ami le libraire, Marius remplissait dans la
littérature-librairie le modeste rôle d'*utilité*. Il faisait des prospectus,
traduisait des journaux, annotait des éditions, compilait des biogra-
phies, etc. Produit net, bon an, mal an, sept cents francs. Il en vivait.
Pas mal. Comment ? Nous l'allons dire.

15 Marius occupait dans la masure Gorbeau, moyennant le prix
annuel de trente francs, un taudis sans cheminée qualifié cabinet
où il n'y avait, en fait de meubles, que l'indispensable. Ces meubles
étaient à lui. Il donnait trois francs par mois à la vieille principale
locataire pour qu'elle vînt balayer le taudis et lui apporter chaque
20 matin un peu d'eau chaude, un œuf frais et un pain d'un sou. De ce
pain et de cet œuf, il déjeunait. Son déjeuner variait de deux à quatre
sous selon que les œufs étaient chers ou bon marché. À six heures
du soir, il descendait rue Saint-Jacques, dîner chez Rousseau, vis-à-vis
Basset**1**, le marchand d'estampes**2** du coin de la rue des Mathurins. Il
25 ne mangeait pas de soupe. Il prenait un plat de viande de six sous,
un demi-plat de légume de trois sous, et un dessert de trois sous.
Pour trois sous, du pain à discrétion**3**. Quant au vin, il buvait de
l'eau. En payant au comptoir, où siégeait majestueusement madame
Rousseau, à cette époque toujours grasse et encore fraîche, il donnait
30 un sou au garçon, et madame Rousseau lui donnait un sourire. Puis
il s'en allait. Pour seize sous, il avait un sourire et un dîner. […]

Ainsi, déjeuner quatre sous, dîner seize sous ; sa nourriture lui coûtait vingt sous par jour ; ce qui faisait trois cent soixante-cinq francs par
an. Ajoutez les trente francs de loyer et les trente-six francs à la vieille,
35 plus quelques menus frais ; pour quatre cent cinquante francs, Marius

---

Vocabulaire
Vocabulaire et nom propre
1. *Vis-à-vis Basset* : en face de la boutique Basset.

2. *Estampes* : images imprimées.
3. *À discrétion* : à volonté.

était nourri, logé et servi. Son habillement lui coûtait cent francs, son linge cinquante francs, son blanchissage[1] cinquante francs, le tout ne dépassait pas six cent cinquante francs. Il lui restait cinquante francs. Il était riche. Il prêtait dans l'occasion dix francs à un ami ; Courfeyrac
40 avait pu lui emprunter une fois soixante francs. Quant au chauffage, n'ayant pas de cheminée, Marius l'avait « simplifié ».

Marius avait toujours deux habillements complets ; l'un vieux, « pour tous les jours », l'autre tout neuf, pour les occasions. Les deux étaient noirs. Il n'avait que trois chemises, l'une sur lui, l'autre dans
45 sa commode, la troisième chez la blanchisseuse. Il les renouvelait à mesure qu'elles s'usaient. Elles étaient habituellement déchirées, ce qui lui faisait boutonner son habit jusqu'au menton.

Pour que Marius en vînt à cette situation florissante, il avait fallu des années. Années rudes ; difficiles, les unes à traverser, les
50 autres à gravir. Marius n'avait point failli[2] un seul jour. Il avait tout subi, en fait de dénuement ; il avait tout fait, excepté des dettes. Il se rendait ce témoignage[3] que jamais il n'avait dû un sou à personne. Pour lui, une dette, c'était le commencement de l'esclavage. Il se disait même qu'un créancier est pire qu'un maître ;
55 car un maître ne possède que votre personne, un créancier possède votre dignité et peut la souffleter[4]. Plutôt que d'emprunter il ne mangeait pas. Il avait eu beaucoup de jours de jeûne. Sentant que toutes les extrémités[5] se touchent et que, si l'on n'y prend garde, l'abaissement de fortune peut mener à la bassesse d'âme, il
60 veillait jalousement sur sa fierté. Telle formule ou telle démarche qui, dans toute autre situation, lui eût paru déférence[6], lui semblait

---

Vocabulaire
1. *Blanchissage* : lavage du linge.
2. *N'avait point failli* : ne s'était pas laissé aller.
3. *Il se rendait ce témoignage* : il se reconnaissait cette qualité.
4. *La souffleter* : la traiter de façon humiliante.

5. *Les extrémités* : les différents cas de misère.
6. *Déférence* : démonstration de respect.

platitude[1], et il se redressait. Il ne hasardait rien[2], ne voulant pas reculer. Il avait sur le visage une sorte de rougeur sévère. Il était timide jusqu'à l'âpreté[3]. [...]

65 À côté du nom de son père, un autre nom était gravé dans le cœur de Marius, le nom de Thénardier. Marius dans sa nature enthousiaste et grave, environnait d'une sorte d'auréole l'homme auquel, dans sa pensée, il devait la vie de son père, cet intrépide[4] sergent qui avait sauvé le colonel au milieu des boulets et des balles de Waterloo. [...]
70 Marius avait appris à Montfermeil la ruine et la faillite du malheureux aubergiste. Depuis il avait fait des efforts inouïs pour saisir sa trace et tâcher d'arriver à lui dans ce ténébreux abîme[5] de la misère où Thénardier avait disparu. [...]

III Marius grandit

À cette époque, Marius avait vingt ans. Il y avait trois ans qu'il avait quitté son grand-père. On était resté dans les mêmes termes de part et d'autre, sans tenter de rapprochement et sans chercher à se revoir. D'ailleurs, se revoir, à quoi bon ? pour se heurter[6] ? Lequel
5 eût eu raison de l'autre ? [...]
Marius vivait solitaire. Par ce goût qu'il avait de rester en dehors de tout, et aussi pour avoir été par trop effarouché, il n'était décidément pas entré dans le groupe présidé par Enjolras. On était resté bons camarades ; on était prêt à s'entr'aider dans l'occasion de toutes
10 les façons possibles ; mais rien de plus. Marius avait deux amis, un jeune, Courfeyrac, et un vieux, M. Mabeuf. Il penchait vers[7] le vieux.

Vocabulaire

1. *Platitude* : un manque de dignité, de respect de soi-même.
2. *Il ne hasardait rien* : il ne faisait rien sans réfléchir avant.
3. *L'âpreté* : l'impolitesse.
4. *Intrépide* : sans peur.
5. *Ténébreux abîme* : gouffre obscur.
6. *Se heurter* : se disputer, se blesser.
7. *Il penchait vers* : il préférait.

D'abord il lui devait la révolution qui s'était faite en lui ; il lui devait d'avoir connu et aimé son père. *Il m'a opéré de la cataracte*[1], disait-il. Certes, ce marguillier avait été décisif.

15 Ce n'est pas pourtant que M. Mabeuf eût été dans cette occasion autre chose que l'agent calme et impassible de la providence. Il avait éclairé Marius par hasard et sans le savoir, comme fait une chandelle que quelqu'un apporte ; il avait été la chandelle et non le quelqu'un. [...]

20 Comme on retrouvera plus tard M. Mabeuf, quelques mots ne sont pas inutiles.

IV M. Mabeuf

M. Mabeuf, le marguillier que Marius a connu à l'église, est également bouquiniste et horticulteur. Ruiné, il s'est établi à Austerlitz avec sa servante, et tombe peu à peu dans le dénuement.

[...]

Livre sixième
La conjonction de deux étoiles

I Le sobriquet, mode de formation des noms de famille

Marius à cette époque était un beau jeune homme de moyenne taille, avec d'épais cheveux très noirs, un front haut et intelligent, les narines ouvertes et passionnées, l'air sincère et calme, et sur tout son visage je ne sais quoi qui était hautain[2], pensif et inno-
5 cent. Son profil, dont toutes les lignes étaient arrondies sans cesser d'être fermes, avait cette douceur germanique qui a pénétré dans la physionomie française par l'Alsace et la Lorraine, et cette absence

---

Vocabulaire
1. *Cataracte* : maladie qui dépose une pellicule sur l'œil, troublant la vue.
2. *Hautain* : ici, noble.

complète d'angles qui rendait les sicambres[1] si reconnaissables parmi les romains et qui distingue la race léonine[2] de la race aquiline[3]. Il
10 était à cette saison[4] de la vie où l'esprit des hommes qui pensent se compose, presque à proportions égales, de profondeur et de naïveté. Une situation grave étant donnée, il avait tout ce qu'il fallait pour être stupide ; un tour de clef de plus, il pouvait être sublime. Ses façons étaient réservées, froides, polies, peu ouvertes[5]. Comme sa
15 bouche était charmante, ses lèvres les plus vermeilles[6] et ses dents les plus blanches du monde, son sourire corrigeait ce que toute sa physionomie avait de sévère. À de certains moments, c'était un singulier contraste que ce front chaste[7] et ce sourire voluptueux[8]. Il avait l'œil petit et le regard grand. [...]
20   Depuis plus d'un an, Marius remarquait dans une allée déserte du Luxembourg, l'allée qui longe le parapet de la Pépinière, un homme et une toute jeune fille presque toujours assis côte à côte sur le même banc, à l'extrémité la plus solitaire de l'allée, du côté de la rue de l'Ouest. Chaque fois que ce hasard qui se mêle aux
25 promenades des gens dont l'œil est retourné en dedans, amenait Marius dans cette allée, et c'était presque tous les jours, il y retrouvait ce couple. L'homme pouvait avoir une soixantaine d'années ; il paraissait triste et sérieux ; toute sa personne offrait cet aspect robuste et fatigué des gens de guerre retirés du service. S'il avait
30 eu une décoration, Marius eût dit : c'est un ancien officier. Il avait l'air bon, mais inabordable, et il n'arrêtait jamais son regard sur le regard de personne. Il portait un pantalon bleu, une redingote bleue et un chapeau à bords larges, qui paraissaient toujours neufs,

---

Vocabulaire et nom propre

1. *Sicambres* : peuple germanique évoqué par Jules César dans *La Guerre des Gaules*.
2. *Léonine* : de la race du lion.
3. *Aquiline* : de la race de l'aigle.

4. *Saison* : âge.
5. *Peu ouvertes* : peu exubérantes.
6. *Vermeilles* : rouges.
7. *Chaste* : innocent.
8. *Voluptueux* : chaleureux, plaisant.

une cravate noire et une chemise de quaker[1], c'est-à-dire éclatante
35 de blancheur, mais de grosse toile. Une grisette[2] passant un jour
près de lui, dit : Voilà un veuf fort propre. Il avait les cheveux très
blancs. [...]

Marius avait pris l'habitude machinale de se promener dans cette
allée. Il les y retrouvait invariablement.

40 Voici comment la chose se passait :

Marius arrivait le plus volontiers par le bout de l'allée opposé
à leur banc. Il marchait toute la longueur de l'allée, passait devant
eux, puis s'en retournait jusqu'à l'extrémité par où il était venu,
et recommençait. Il faisait ce va-et-vient cinq ou six fois dans
45 sa promenade, et cette promenade cinq ou six fois par semaine
sans qu'ils en fussent arrivés, ces gens et lui, à échanger un salut.
Ce personnage et cette jeune fille, quoiqu'ils parussent et peut-
être parce qu'ils paraissaient éviter les regards, avaient naturellement quelque peu éveillé l'attention des cinq ou six étudiants
50 qui se promenaient de temps en temps le long de la Pépinière ; les
studieux après leurs cours, les autres après leur partie de billard.
Courfeyrac, qui était un des derniers, les avait observés quelque
temps, mais trouvant la fille laide, il s'en était bien vite et soigneusement écarté. Il s'était enfui comme un parthe[3] en leur décochant
55 un sobriquet. Frappé uniquement de la robe de la petite et des
cheveux du vieux, il avait appelé la fille *mademoiselle Lanoire* et
le père *monsieur Leblanc*, si bien que, personne ne les connaissant
d'ailleurs, en l'absence du nom, le surnom avait fait loi. Les étudiants disaient : – Ah ! monsieur Leblanc est à son banc ! et Marius,
60 comme les autres, avait trouvé commode d'appeler ce monsieur
inconnu M. Leblanc.

Vocabulaire

1. *Quaker* : membre d'une société protestante austère.

2. *Grisette* : jeune ouvrière peu sérieuse.

3. *Parthe* : guerrier antique célèbre pour sa tactique qui consistait à faire semblant de s'enfuir, avant de se re-tourner pour décocher une flèche.

Les Misérables

Nous ferons comme eux, et nous dirons M. Leblanc pour la facilité de ce récit.

Marius les vit ainsi presque tous les jours à la même heure pen-
65 dant la première année. [...]

II *Lux facta est*

La seconde année, précisément au point de cette histoire où le lecteur est parvenu, il arriva que cette habitude du Luxembourg s'interrompit, sans que Marius sût trop pourquoi lui-même, et qu'il fut près de six mois sans mettre les pieds dans son allée. Un jour enfin
5 il y retourna. C'était par une sereine[1] matinée d'été, Marius était joyeux comme on l'est quand il fait beau. Il lui semblait qu'il avait dans le cœur tous les chants d'oiseaux qu'il entendait et tous les morceaux de ciel bleu qu'il voyait à travers les feuilles des arbres.

Il alla droit à « son allée », et, quand il fut au bout, il aperçut, tou-
10 jours sur le même banc, ce couple connu. Seulement, quand il approcha, c'était bien le même homme ; mais il lui parut que ce n'était plus la même fille. La personne qu'il voyait maintenant était une grande et belle créature ayant toutes les formes les plus charmantes de la femme à ce moment précis où elles se combinent encore avec
15 toutes les grâces[2] les plus naïves de l'enfant ; moment fugitif et pur que peuvent seuls traduire ces deux mots : quinze ans. C'étaient d'admirables cheveux châtains nuancés de veines dorées, un front qui semblait fait de marbre, des joues qui semblaient faites d'une feuille de rose, un incarnat[3] pâle, une blancheur émue, une bouche
20 exquise d'où le sourire sortait comme une clarté et la parole comme une musique, une tête que Raphaël[4] eût donnée à Marie posée sur

---

Vocabulaire et noms propres
1. *Sereine* : calme et belle.
2. *Les grâces* : ici, les attitudes.
3. *Incarnat* : teinte de couleur chair, entre le rose et le rouge.

4. *Raphaël* : peintre de la Renaissance italienne célèbre pour la beauté de ses personnages.

un cou que Jean Goujon[1] eût donné à Vénus. Et, afin que rien ne manquât à cette ravissante figure, le nez n'était pas beau, il était joli ; ni droit ni courbé, ni italien[2] ni grec[3] ; c'était le nez parisien ;
25 c'est-à-dire quelque chose de spirituel, de fin, d'irrégulier et de pur, qui désespère les peintres et qui charme les poètes.

Quand Marius passa près d'elle, il ne put voir ses yeux qui étaient constamment baissés. Il ne vit que ses longs cils châtains pénétrés[4] d'ombre et de pudeur. [...]
30 En six mois, la petite fille était devenue jeune fille ; voilà tout. [...]

La seconde fois que Marius arriva près d'elle, la jeune fille leva les paupières. Ses yeux étaient d'un bleu céleste[5] et profond, mais dans cet azur voilé il n'y avait encore que le regard d'un enfant. [...]

VII Aventures de la lettre U livrée aux conjectures

[...] Tout un grand mois s'écoula, pendant lequel Marius alla tous les jours au Luxembourg. [...]

Il avait fini par s'enhardir, et il s'approchait du banc. Cependant il ne passait plus devant, obéissant à la fois à l'instinct de timidité
5 et à l'instinct de prudence des amoureux. Il jugeait utile de ne point attirer « l'attention du père ». Il combinait ses stations[6] derrière les arbres et les piédestaux des statues avec un machiavélisme[7] profond, de façon à se faire voir le plus possible à la jeune fille et à se laisser voir le moins possible du vieux monsieur. Quelquefois, pen-
10 dant des demi-heures entières, il restait immobile à l'ombre d'un

---

Vocabulaire et noms propres

1. *Jean Goujon* : sculpteur français du XVIe siècle fameux pour la représentation sensuelle de Vénus et Cupidon.
2. *Italien* : retroussé.
3. *Grec* : traçant une verticale du front à la pointe.
4. *Pénétrés* : remplis.

5. *Céleste* : qui vient du ciel.
6. *Stations* : positions debout et immobiles.
7. *Machiavélisme* : art de la stratégie guerrière.

Les Misérables

Léonidas ou d'un Spartacus[1] quelconque, tenant à la main un livre au-dessus duquel ses yeux, doucement levés, allaient chercher la belle fille, et elle, de son côté, détournait avec un vague sourire son charmant profil vers lui. Tout en causant le plus naturellement et
15 le plus tranquillement du monde avec l'homme à cheveux blancs, elle appuyait sur Marius toutes les rêveries d'un œil virginal[2] et passionné. Antique et immémorial manège qu'Ève savait dès le premier jour du monde et que toute femme sait dès le premier jour de la vie ! Sa bouche donnait la réplique à l'un et son regard donnait la
20 réplique à l'autre.

Il faut croire pourtant que M. Leblanc finissait par s'apercevoir de quelque chose, car souvent, lorsque Marius arrivait, il se levait et se mettait à marcher. Il avait quitté leur place accoutumée[3] et avait adopté, à l'autre extrémité de l'allée, le banc voisin du Gladiateur[4],
25 comme pour voir si Marius les y suivrait. Marius ne comprit point, et fit cette faute. Le « père » commença à devenir inexact, et n'amena plus « sa fille » tous les jours. Quelquefois il venait seul. Alors Marius ne restait pas. Autre faute.

Marius ne prenait point garde à ces symptômes. De la phase de
30 timidité il avait passé, progrès naturel et fatal, à la phase d'aveuglement. Son amour croissait. Il en rêvait toutes les nuits. Et puis il lui était arrivé un bonheur inespéré, huile sur le feu, redoublement de ténèbres sur ses yeux. Un soir, à la brune, il avait trouvé sur le banc que « M. Leblanc et sa fille » venaient de quitter, un mouchoir, un
35 mouchoir tout simple et sans broderie, mais blanc, fin, et qui lui parut exhaler[5] des senteurs ineffables[6]. Il s'en empara avec transport. Ce mouchoir était marqué des lettres U. F. ; Marius ne savait rien

---

Vocabulaire et noms propres
1. *Un Léonidas ou un Spartacus* : statues représentant le roi de Sparte ou le gladiateur rebelle.
2. *Virginal* : pur.

3. *Accoutumée* : habituelle.
4. *Gladiateur* : il s'agit de la statue de Spartacus, déjà mentionnée.
5. *Exhaler* : sentir.
6. *Ineffables* : indescriptibles.

de cette belle enfant, ni sa famille, ni son nom, ni sa demeure ; ces
deux lettres étaient la première chose d'elle qu'il saisissait, adorables
40 initiales sur lesquelles il commença tout de suite à construire son
échafaudage. U était évidemment le prénom. Ursule ! pensa-t-il, quel
délicieux nom ! Il baisa le mouchoir, l'aspira, le mit sur son cœur, sur
sa chair, pendant le jour, et la nuit sous ses lèvres pour s'endormir.

– J'y sens toute son âme ! s'écriait-il.

45 Ce mouchoir était au vieux monsieur qui l'avait tout bonnement
laissé tomber de sa poche. [...]

IX Éclipse

On vient de voir comment Marius avait découvert ou cru décou-
vrir qu'Elle s'appelait Ursule.

L'appétit vient en aimant. Savoir qu'elle se nommait Ursule,
5 c'était déjà beaucoup ; c'était peu. Marius en trois ou quatre semaines
eut dévoré ce bonheur. Il en voulut un autre. Il voulut savoir où
elle demeurait.

Il avait fait une première faute : tomber dans l'embûche[1] du
banc du Gladiateur. Il en avait fait une seconde : ne pas rester au
10 Luxembourg quand M. Leblanc y venait seul. Il en fit une troisième.
Immense. Il suivit « Ursule ».

Elle demeurait rue de l'Ouest, à l'endroit le moins fréquenté, dans
une maison neuve à trois étages d'apparence modeste.

À partir de ce moment, Marius ajouta à son bonheur de la voir
15 au Luxembourg le bonheur de la suivre jusque chez elle.

Sa faim augmentait. Il savait comment elle s'appelait, son petit
nom du moins, le nom charmant, le vrai nom d'une femme ; il savait
où elle demeurait ; il voulut savoir qui elle était.

Vocabulaire
1. *L'embûche* : le piège.

Les Misérables

Un soir, après qu'il les eut suivis jusque chez eux et qu'il les eut vus disparaître sous la porte cochère[1], il entra à leur suite et dit
20 vaillamment[2] au portier :

– C'est le monsieur du premier qui vient de rentrer ?

– Non, répondit le portier. C'est le monsieur du troisième.

Encore un pas de fait. Ce succès enhardit Marius.

– Sur le devant ? demanda-t-il.

25 – Parbleu ! fit le portier, la maison n'est bâtie que sur la rue.

– Et quel est l'état[3] de ce monsieur ? repartit Marius.

– C'est un rentier[4], monsieur. Un homme bien bon, et qui fait du bien aux malheureux, quoique pas riche. [...]

Le lendemain M. Leblanc et sa fille ne firent au Luxembourg qu'une
30 courte apparition. Ils s'en allèrent qu'il faisait grand jour. Marius les suivit rue de l'Ouest comme il en avait pris l'habitude. En arrivant à la porte cochère, M. Leblanc fit passer sa fille devant, puis s'arrêta avant de franchir le seuil, se retourna et regarda Marius fixement.

Le jour d'après, ils ne vinrent pas au Luxembourg ; Marius atten-
35 dit en vain[5] toute la journée.

À la nuit tombée, il alla rue de l'Ouest, et vit de la lumière aux fenêtres du troisième. Il se promena sous ces fenêtres jusqu'à ce que cette lumière fût éteinte.

Le jour suivant, personne au Luxembourg. Marius attendit tout le
40 jour, puis alla faire sa faction[6] de nuit sous les croisées[7]. [...]

Il se passa huit jours de la sorte. [...]

Le huitième jour, quand il arriva sous les fenêtres, il n'y avait pas de lumière. [...] Il s'en alla très sombre.

Vocabulaire

1. *Porte cochère* : grande porte à deux battants.
2. *Dit vaillamment* : osa demander.
3. *L'état* : la façon de gagner sa vie.

4. *Rentier* : personne vivant de ses rentes, sans travailler.
5. *En vain* : inutilement.
6. *Faction* : sentinelle.
7. *Croisées* : fenêtres.

45 Le lendemain – car il ne vivait que de lendemains en lendemains, il n'y avait, pour ainsi dire, plus d'aujourd'hui pour lui, – le lendemain il ne trouva personne au Luxembourg, il s'y attendait ; à la brune, il alla à la maison. Aucune lueur aux fenêtres ; les persiennes[1] étaient fermées ; le troisième était tout noir.

Marius frappa à la porte cochère, entra et dit au portier :

50 – Le monsieur du troisième ?

– Déménagé, répondit le portier.

[...]

Livre huitième
Le mauvais pauvre

I, II et III

L'hiver suivant, Marius pense toujours à la fille de M. Leblanc. Désespéré d'avoir perdu sa trace, il déambule souvent dans les rues avec mélancolie. Lors d'une de ses errances, il est bousculé par deux jeunes filles miséreuses échappant vraisemblablement à la police. Dans leur course, elles laissent tomber un paquet de lettres. Intrigué, Marius les emporte à la masure Gorbeau et les lit. Les quatre lettres, de la même écriture peu soignée, sont pourtant signées de quatre noms différents. Toutes font appel à la générosité de leurs destinataires : une marquise, une comtesse, un riche commerçant et un mystérieux « monsieur bienfaisant ».

Au petit matin, on frappe chez le jeune homme.

IV Une rose dans la misère

Une toute jeune fille était debout dans la porte entrebâillée. La lucarne du galetas où le jour paraissait était précisément en face de

---

Vocabulaire
1. *Persiennes* : volets laissant passer les lumières.

Les Misérables

la porte et éclairait cette figure d'une lumière blafarde[1]. C'était une
créature hâve[2], chétive, décharnée ; rien qu'une chemise et une jupe
5 sur une nudité frissonnante et glacée. Pour ceinture une ficelle, pour
coiffure une ficelle, des épaules pointues sortant de la chemise, une
pâleur blonde et lymphatique[3], des clavicules terreuses, des mains
rouges, la bouche entr'ouverte et dégradée[4], des dents de moins, l'œil
terne, hardi et bas[5], les formes d'une jeune fille avortée[6] et le regard
10 d'une vieille femme corrompue[7] ; cinquante ans mêlés à quinze ans ;
un de ces êtres qui sont tout ensemble faibles et horribles et qui font
frémir ceux qu'ils ne font pas pleurer. [...]
   – Que voulez-vous, mademoiselle ? demanda-t-il.
   La jeune fille répondit avec sa voix de galérien ivre :
15   – C'est une lettre pour vous, monsieur Marius. [...]
   Marius en ouvrant cette lettre remarqua que le pain à cacheter[8]
large et énorme était encore mouillé. Le message ne pouvait venir
de bien loin. Il lut :
   « Mon aimable voisin, jeune homme !
20   « J'ai appris vos bontés pour moi, que vous avez payé mon terme[9]
il y a six mois. Je vous bénis, jeune homme. Ma fille aînée vous dira
que nous sommes sans un morceau de pain depuis deux jours, quatre
personnes, et mon épouse malade. Si je ne suis point dessus dans
ma pensée, je crois devoir espérer que votre cœur généreux s'huma-
25 nisera à cet exposé et vous subjuguera[10] le désir de m'être propice[11]
en daignant me prodiguer un léger bienfait.

Vocabulaire

1. *Blafarde* : blanche.
2. *Hâve* : amaigrie et pâle.
3. *Lymphatique* : sans force.
4. *Dégradée* : sèche et abîmée.
5. *Terne, hardi et bas* : sans éclat, insolent et vulgaire.
6. *Avortée* : qui n'a pas fini de se développer.

7. *Corrompue* : enlaidie.
8. *Le pain à cacheter* : la colle.
9. *Terme* : loyer, payé chaque trimestre.
10. *Vous subjuguera* : ici, vous obligera à éprouver.
11. *M'être propice* : m'accorder votre faveur.

« Je suis avec la considération distinguée qu'on doit aux bienfaiteurs de l'humanité,

JONDRETTE.

30 « *P. S.* – Ma fille attendra vos ordres, cher monsieur Marius. »

Cette lettre, au milieu de l'aventure obscure qui occupait Marius depuis la veille au soir, c'était une chandelle dans une cave. Tout fut brusquement éclairé.

Cette lettre venait d'où venaient les quatre autres. [...] Il y avait 35 cinq missives, cinq histoires, cinq noms, cinq signatures, et un seul signataire. [...]

Maintenant il voyait clairement tout. Il comprenait que son voisin Jondrette avait pour industrie[1] dans sa détresse d'exploiter la charité des personnes bienfaisantes, qu'il se procurait des 40 adresses, et qu'il écrivait sous des noms supposés[2] à des gens qu'il jugeait riches et pitoyables des lettres que ses filles portaient, à leurs risques et périls, car ce père en était là qu'il risquait ses filles ; il jouait une partie avec la destinée et il les mettait au jeu[3]. Marius comprenait que probablement, à en juger par leur 45 fuite de la veille, par leur essoufflement, par leur terreur, et par ces mots d'argot qu'il avait entendus, ces infortunées[4] faisaient encore on ne sait quels métiers sombres, et que de tout cela il en était résulté, au milieu de la société humaine telle qu'elle est faite, deux misérables êtres qui n'étaient ni des enfants, ni des 50 filles, ni des femmes, espèces de monstres impurs et innocents produits par la misère.

[...] Cependant, tandis que Marius attachait sur elle un regard étonné et douloureux, la jeune fille allait et venait dans la mansarde avec une audace[5] de spectre. [...]

Vocabulaire

1. *Avait pour industrie* : s'occupait à.
2. *Des noms supposés* : de faux noms.
3. *Il les mettait au jeu* : il les impliquait dans ses actions malhonnêtes.
4. *Infortunées* : malchanceuses.
5. *Audace* : liberté, impolitesse.

55   – Tiens, dit-elle, vous avez un miroir ! [...]

Marius songeait, et la laissait faire.

Elle s'approcha de la table.

– Ah ! dit-elle, des livres !

Une lueur traversa son œil vitreux[1]. Elle reprit, et son accent
60 exprimait le bonheur de se vanter de quelque chose, auquel nulle
créature humaine n'est insensible :

– Je sais lire, moi. [...]

Elle posa le livre, prit une plume, et s'écria :

– Et je sais écrire aussi !

65   Elle trempa la plume dans l'encre, et se tournant vers Marius :

– Voulez-vous voir ? Tenez, je vais écrire un mot pour voir.

Et avant qu'il eût eu le temps de répondre, elle écrivit sur une
feuille de papier blanc qui était au milieu de la table : *Les cognes*[2]
sont là. [...]

70   Puis elle considéra Marius, prit un air étrange, et lui dit :

– Savez-vous, monsieur Marius, que vous êtes très joli garçon ?

Et en même temps il leur vint à tous les deux la même pensée,
qui la fit sourire et qui le fit rougir.

Elle s'approcha de lui, et lui posa une main sur l'épaule. [...]

75   Marius s'était reculé doucement.

– Mademoiselle, dit-il avec sa gravité froide, j'ai là un paquet qui
est, je crois, à vous. Permettez-moi de vous le remettre.

Et il lui tendit l'enveloppe qui renfermait les quatre lettres.

Elle frappa dans ses deux mains, et s'écria : [...]

80   – Dieu de Dieu ! avons-nous cherché, ma sœur et moi ! Et c'est
vous qui l'aviez trouvé ! Sur le boulevard, n'est-ce pas ? ce doit être
sur le boulevard ? [...] C'est donc vous que nous avons cogné en
passant hier au soir. On n'y voyait pas, quoi ! J'ai dit à ma sœur :

Vocabulaire
1. *Vitreux* : sans éclat.   **2.** *Les cognes* : la police (argot).

Est-ce que c'est un monsieur ? Ma sœur m'a dit : Je crois que c'est
85 un monsieur.

Cependant, elle avait déplié la supplique[1] adressée « au monsieur
bienfaisant de l'église Saint-Jacques-du-Haut-Pas ».

– Tiens ! dit-elle, c'est celle pour ce vieux qui va à la messe. Au
fait, c'est l'heure. Je vas lui porter. Il nous donnera peut-être de quoi
90 déjeuner. [...]

Elle ramena sa chemise sur ses épaules, fit un profond salut
à Marius, puis un signe familier de la main, et se dirigea vers la
porte en disant :

– Bonjour, monsieur. C'est égal. Je vas trouver mon vieux. [...]

V Le judas de la providence

[...] Cette jeune fille fut pour Marius une sorte d'envoyée des
ténèbres.

Elle lui révéla tout un côté hideux de la nuit.

Marius se reprocha presque les préoccupations de rêverie et de
5 passion qui l'avaient empêché jusqu'à ce jour de jeter un coup d'œil
sur ses voisins. [...] Quoi ! un mur seulement le séparait de ces êtres
abandonnés, qui vivaient à tâtons dans la nuit, en dehors du reste
des vivants, il les coudoyait[2], il était en quelque sorte, lui, le dernier
chaînon du genre humain qu'ils touchassent, il les entendait vivre
10 ou plutôt râler[3] à côté de lui, et il n'y prenait point garde ! [...]

Tout à coup, il se leva, il venait de remarquer vers le haut, près du
plafond, un trou triangulaire résultant de trois lattes[4] qui laissaient
un vide entre elles. Le plâtras qui avait dû boucher ce vide était
absent, et en montant sur la commode on pouvait voir par cette
15 ouverture dans le galetas des Jondrette. La commisération[5] a et doit

---

Vocabulaire
1. *Supplique* : lettre de prière.
2. *Coudoyait* : touchait du coude.
3. *Râler* : respirer avec difficulté.

4. *Lattes* : planches.
5. *Commisération* : pitié.

avoir sa curiosité. Ce trou faisait une espèce de judas. Il est permis de regarder l'infortune en traître pour la secourir. – Voyons un peu ce que c'est que ces gens-là, pensa Marius, et où ils en sont.

20   Il escalada la commode, approcha sa prunelle de la crevasse et regarda.

VI L'homme fauve au gîte

[...] Ce que voyait Marius était un bouge.

Marius était pauvre et sa chambre était indigente[1] ; mais, de même que sa pauvreté était noble, son grenier était propre. Le taudis où son regard plongeait en ce moment était abject[2], sale, fétide[3],
5 infect, ténébreux, sordide. Pour tous meubles, une chaise de paille, une table infirme, quelques vieux tessons[4], et dans deux coins deux grabats[5] indescriptibles ; pour toute clarté, une fenêtre-mansarde à quatre carreaux, drapée de toiles d'araignée. Il venait par cette lucarne juste assez de jour pour qu'une face d'homme parût une face
10 de fantôme. Les murs avaient un aspect lépreux[6], et étaient couverts de coutures et de cicatrices comme un visage défiguré par quelque horrible maladie. Une humidité chassieuse[7] y suintait.

[...] Près de la table, sur laquelle Marius apercevait une plume, de l'encre et du papier, était assis un homme d'environ soixante ans,
15 petit, maigre, livide, hagard, l'air fin, cruel et inquiet ; un gredin[8] hideux. [...]

Une grosse femme qui pouvait avoir quarante ans ou cent ans était accroupie près de la cheminée sur ses talons nus.

Elle n'était vêtue, elle aussi, que d'une chemise, et d'un jupon
20 de tricot rapiécé avec des morceaux de vieux drap. Un tablier de

---

Vocabulaire

1. *Indigente* : pauvre.
2. *Abject* : dégoûtant.
3. *Fétide* : qui sent très mauvais.
4. *Tessons* : morceaux de verre.

5. *Grabats* : lits rudimentaires.
6. *Lépreux* : ici, tachés.
7. *Chassieuse* : sale.
8. *Gredin* : méprisable mendiant, vaurien.

grosse toile cachait la moitié du jupon. Quoique cette femme fût pliée et ramassée sur elle-même, on voyait qu'elle était de très haute taille. C'était une espèce de géante à côté de son mari. Elle avait d'affreux cheveux d'un blond roux grisonnants qu'elle 25 remuait de temps en temps avec ses énormes mains luisantes à ongles plats. [...]

VII Stratégie et tactique

Marius, la poitrine oppressée[1], allait redescendre de l'espèce d'observatoire qu'il s'était improvisé, quand un bruit attira son attention et le fit rester à sa place.

La porte du galetas venait de s'ouvrir brusquement.

5   La fille aînée parut sur le seuil. [...]

– Il vient !

Le père tourna les yeux, la femme tourna la tête, la petite sœur ne bougea pas.

– Qui ? demanda le père.

10   – Le monsieur ! [...]

– De l'église Saint-Jacques ?

– Oui. [...] Il me suit.

[...] L'homme se dressa. Il y avait une sorte d'illumination sur son visage.

15   – Ma femme ! cria-t-il, tu entends. Voilà le philanthrope[2]. Éteins le feu.

La mère stupéfaite ne bougea pas.

Le père, avec l'agilité d'un saltimbanque[3], saisit un pot égueulé[4] qui était sur la cheminée et jeta de l'eau sur les tisons.

Vocabulaire
1. *La poitrine oppressée* : ayant du mal à respirer.
2. *Philanthrope* : personne qui aide les autres, qui agit pour leur bien.

3. *Saltimbanque* : acrobate.
4. *Égueulé* : dont l'embouchure est percée.

20 Puis s'adressant à sa fille aînée :

– Toi ! dépaille la chaise !

Sa fille ne comprenait point.

Il empoigna la chaise et d'un coup de talon il en fit une chaise dépaillée. Sa jambe passa au travers.

25 Tout en retirant la jambe, il demanda à sa fille :

– Fait-il froid ?

– Très froid. Il neige.

Le père se tourna vers la cadette qui était sur le grabat près de la fenêtre et lui cria d'une voix tonnante :

30 – Vite ! à bas du lit, fainéante ! tu ne feras donc jamais rien ! Casse un carreau !

La petite se jeta à bas du lit en frissonnant.

– Casse un carreau ! reprit-il. [...]

L'enfant, avec une sorte d'obéissance terrifiée, se dressa sur la
35 pointe du pied, et donna un coup de poing dans un carreau. La vitre se brisa et tomba à grand bruit.

– Bien, dit le père.

Il était grave et brusque. Son regard parcourait rapidement tous les recoins du galetas.

40 On eût dit un général qui fait les derniers préparatifs au moment où la bataille va commencer. [...]

Cependant on entendait un sanglot dans un coin.

– Qu'est-ce que c'est ? cria le père.

La fille cadette, sans sortir de l'ombre où elle s'était blottie, mon-
45 tra son poing ensanglanté. En brisant la vitre elle s'était blessée ; elle s'en était allée près du grabat de sa mère, et elle pleurait silencieusement. [...]

– Tant mieux ! dit l'homme, c'était prévu.

– Comment ? tant mieux ? reprit la femme.

50 – Paix ! répliqua le père, je supprime la liberté de la presse.

Puis, déchirant la chemise de femme qu'il avait sur le corps, il fit un lambeau de toile dont il enveloppa vivement le poignet sanglant de la petite.

Cela fait, son œil s'abaissa sur la chemise déchirée avec
55 satisfaction.

– Et la chemise aussi, dit-il. Tout cela a bon air.

Une bise[1] glacée sifflait à la vitre et entrait dans la chambre. La brume du dehors y pénétrait et s'y dilatait comme une ouate[2] blanchâtre vaguement démêlée par des doigts invisibles. À travers le carreau
60 cassé, on voyait tomber la neige. Le froid promis la veille par le soleil de la Chandeleur était en effet venu.

Le père promena un coup d'œil autour de lui comme pour s'assurer qu'il n'avait rien oublié. Il prit une vieille pelle et répandit de la cendre sur les tisons mouillés de façon à les cacher complè-
65 tement.

Puis se relevant et s'adossant à la cheminée :

– Maintenant, dit-il, nous pouvons recevoir le philanthrope.

VIII Le rayon dans le bouge

[...] En ce moment on frappa un léger coup à la porte, l'homme s'y précipita et l'ouvrit en s'écriant avec des salutations profondes et des sourires d'adoration :

– Entrez, monsieur ! daignez entrer, mon respectable bienfaiteur,
5 ainsi que votre charmante demoiselle.

Un homme d'un âge mûr et une jeune fille parurent sur le seuil du galetas.

Marius n'avait pas quitté sa place. Ce qu'il éprouva en ce moment échappe à la langue humaine.
10 C'était Elle. [...]

Vocabulaire
1. *Une bise* : un courant d'air.   **2.** *Ouate* : coton.

Les Misérables

Elle était toujours la même, un peu pâle seulement ; sa délicate figure s'encadrait dans un chapeau de velours violet, sa taille se dérobait[1] sous une pelisse[2] de satin noir. On entrevoyait sous sa longue robe son petit pied serré dans un brodequin[3] de soie.

15 Elle était toujours accompagnée de M. Leblanc.

Elle avait fait quelques pas dans la chambre et avait déposé un assez gros paquet sur la table. [...]

IX Jondrette pleure presque

[...] M. Leblanc s'approcha avec son regard bon et triste, et dit au père Jondrette :

– Monsieur, vous trouverez dans ce paquet des hardes neuves, des bas et des couvertures de laine.

5 – Notre angélique[4] bienfaiteur nous comble, dit Jondrette en s'inclinant jusqu'à terre. – Puis, se penchant à l'oreille de sa fille aînée, pendant que les deux visiteurs examinaient cet intérieur lamentable, il ajouta bas et rapidement :

– Hein ? qu'est-ce que je disais ? des nippes[5] ! pas d'argent. Ils
10 sont tous les mêmes ! [...]

Il s'écria avec un son de voix qui tenait tout à la fois de la gloriole du bateleur[6] dans les foires et de l'humilité du mendiant sur les grandes routes :

– [...] Voyez, mon bienfaiteur, pas de pain, pas de feu. Mes
15 pauvres mômes n'ont pas de feu ! Mon unique chaise dépaillée ! Un carreau cassé ! par le temps qu'il fait ! Mon épouse au lit ! malade !

– Pauvre femme ! dit M. Leblanc.

Vocabulaire

1. *Se dérobait* : se cachait.
2. *Pelisse* : manteau de femme.
3. *Brodequin* : bottine.

4. *Angélique* : qui a tout d'un ange gardien.
5. *Nippes* : linge.
6. *Gloriole du bateleur* : l'arrogance du saltimbanque.

– Mon enfant blessée ! ajouta Jondrette. [...]

20 L'adorable jeune fille que Marius nommait dans son cœur « son Ursule » s'approcha vivement :

– Pauvre chère enfant ! dit-elle.

– Voyez, ma belle demoiselle, poursuivit Jondrette, son poignet ensanglanté ! C'est un accident qui est arrivé en travaillant sous une

25 mécanique[1] pour gagner six sous par jour. On sera peut-être obligé de lui couper le bras ! [...] *e mac*

Depuis quelques instants, Jondrette considérait « le philanthrope » d'une manière bizarre. Tout en parlant, il semblait le scruter[2] avec attention comme s'il cherchait à recueillir des souvenirs. Tout à

30 coup, profitant d'un moment où les nouveaux venus questionnaient avec intérêt la petite sur sa main blessée, il passa près de sa femme qui était dans son lit avec un air accablé et stupide, et lui dit vivement et très bas :

– Regarde donc cet homme-là !

35 Puis se retournant vers M. Leblanc, et continuant sa lamentation :

– Voyez, monsieur ! [...] Demain, c'est le 4 février, le jour fatal, le dernier délai que m'a donné mon propriétaire ; si ce soir je ne l'ai pas payé, demain ma fille aînée, moi, mon épouse avec sa fièvre, mon enfant avec sa blessure, nous serons tous quatre chassés d'ici, et jetés

40 dehors, dans la rue, sur le boulevard, sans abri, sous la pluie, sur la neige. Voilà, monsieur. Je dois quatre termes, une année ! c'est-à-dire une soixantaine de francs.

Jondrette mentait. Quatre termes n'eussent fait que quarante francs, et il n'en pouvait devoir quatre, puisqu'il n'y avait pas six

45 mois que Marius en avait payé deux.

M. Leblanc tira cinq francs de sa poche et les jeta sur la table.

Jondrette eut le temps de grommeler à l'oreille de sa grande fille :

Vocabulaire
1. *Mécanique* : machine.   **2.** *Scruter* : observer.

Les Misérables

– Gredin ! que veut-il que je fasse avec ses cinq francs ? Cela ne
50 me paye pas ma chaise et mon carreau ! Faites donc des frais !

Cependant, M. Leblanc avait quitté une grande redingote brune
qu'il portait par-dessus sa redingote bleue et l'avait jetée sur le dos
de la chaise. [...]

– Je serai ici à six heures, et je vous apporterai les soixante francs.

55 – Mon bienfaiteur ! cria Jondrette éperdu[1]. [...]

En ce moment le pardessus[2] resté sur la chaise frappa les yeux
de la Jondrette aînée.

– Monsieur, dit-elle, vous oubliez votre redingote.

Jondrette dirigea vers sa fille un regard foudroyant accompagné
60 d'un haussement d'épaules formidable.

M. Leblanc se retourna et répondit avec un sourire :

– Je ne l'oublie pas, je la laisse.

– Ô mon protecteur, dit Jondrette, mon auguste[3] bienfaiteur,
je fonds en larmes ! Souffrez que je vous reconduise jusqu'à votre
65 fiacre[4]. [...]

X Tarif des cabriolets de régie : deux francs l'heure

*Marius tente de suivre M. Leblanc et sa fille, mais il n'a pas d'argent
pour prendre un fiacre, et se voit contraint d'abandonner. Il aperçoit cependant Jondrette parlant à des individus suspects.*

XI Offres de service de la misère à la douleur

[...] Marius entra dans sa chambre et poussa sa porte derrière lui.

Elle ne se ferma pas ; il se retourna et vit une main qui retenait
la porte entr'ouverte.

Vocabulaire
1. *Éperdu* : troublé par une vive
émotion.
2. *Pardessus* : manteau, redingote.

3. *Auguste* : sacré.
4. *Fiacre* : voiture à cheval.

– Qu'est-ce que c'est ? demanda-t-il, qui est là ?

5 C'était la fille Jondrette.

– C'est vous ? reprit Marius presque durement, toujours vous donc ! Que me voulez-vous ? [...]

Elle leva sur lui son œil morne où une espèce de clarté semblait s'allumer vaguement, et lui dit :

10 – Monsieur Marius, vous avez l'air triste. Qu'est-ce que vous avez ? [...]

Une idée traversa l'esprit de Marius. [...]

– Écoute... lui dit-il.

Elle l'interrompit avec un éclair de joie dans les yeux.

15 – Oh ! oui, tutoyez-moi ! j'aime mieux.

– Eh bien, reprit-il, tu as amené ici ce vieux monsieur avec sa fille...

– Oui.

– Sais-tu leur adresse ?

– Non.

20 – Trouve-la-moi.

L'œil de la Jondrette, de morne, était devenu joyeux ; de joyeux il devint sombre. [...]

Elle le regarda fixement.

– Qu'est-ce que vous me donnerez ?

25 – Tout ce que tu voudras !

– Tout ce que je voudrai ?

– Oui.

– Vous aurez l'adresse.

Elle baissa la tête, puis d'un mouvement brusque elle tira la porte
30 qui se referma.

Marius se retrouva seul.

Il se laissa tomber sur une chaise, la tête et les deux coudes sur son lit, abîmé[1] dans des pensées qu'il ne pouvait saisir et comme en proie

---

Vocabulaire
1. *Abîmé* : perdu.

à un vertige[1]. Tout ce qui s'était passé depuis le matin, l'apparition
de l'ange, sa disparition, ce que cette créature venait de lui dire, une
lueur d'espérance flottant dans un désespoir immense, voilà ce qui
emplissait confusément[2] son cerveau.

Tout à coup il fut violemment arraché à sa rêverie.

Il entendit la voix haute et dure de Jondrette prononcer ces
paroles pleines du plus étrange intérêt pour lui :

– Je te dis que j'en suis sûr et que je l'ai reconnu. [...]

Il bondit, plutôt qu'il ne monta, sur la commode, et reprit sa place
près de la petite lucarne de la cloison. [...]

XII Emploi de la pièce de cinq francs de M. Leblanc

[...] La femme, qui semblait timide et frappée de stupeur devant
son mari, se hasarda à lui dire :

– Quoi, vraiment ? tu es sûr ?

– Sûr ! Il y a huit ans ! mais je le reconnais ! Ah ! je le reconnais !
je l'ai reconnu tout de suite ! Quoi, cela ne t'a pas sauté aux yeux ?

– Non. [...]

– Et veux-tu que je te dise une chose ? La demoiselle...

– Eh bien quoi ? repartit la femme, la demoiselle ?

Marius n'en pouvait douter, c'était bien d'elle qu'on parlait.
Il écoutait avec une anxiété ardente[3]. Toute sa vie était dans ses
oreilles.

Mais le Jondrette s'était penché, et avait parlé bas à sa femme.
Puis il se releva et termina tout haut :

– C'est elle !

– Ça ? dit la femme.

Vocabulaire

1. *En proie à un vertige* : victime d'un
étourdissement.
2. *Confusément* : de façon vague et
désordonnée.

3. *Anxiété ardente* : immense
angoisse.

– Ça ! dit le mari.

[…] Après quelques instants de silence, il s'approcha de la Jondrette et s'arrêta devant elle les bras croisés, comme le moment d'auparavant.

20 – Et veux-tu que je te dise encore une chose ?

– Quoi ? demanda-t-elle.

Il répondit d'une voix brève et basse :

– C'est que ma fortune est faite. […]

Jondrette ouvrit un placard près de la cheminée et en tira une vieille
25 casquette qu'il mit sur sa tête après l'avoir brossée avec sa manche.

– Maintenant, fit-il, je sors. J'ai encore des gens à voir. Des bons. Tu verras comme ça va marcher. Je serai dehors le moins longtemps possible. C'est un beau coup à jouer. Garde la maison. […]

XIII à XVII

Persuadé que Jondrette prépare un mauvais coup contre M. Leblanc, Marius se rend au commissariat, où il discute avec Javert. L'inpecteur, qui voit là une affaire où trempe le Patron-Mlnet, un groupe de brigands des bas-fonds parisiens, lui remet deux pistolets chargés, et lui reconnmande de tirer en l'air en signe d'avertissement quand le moment sera venu.

De retour chez lui, Marius observe le logis des Jondrette, où le piège est tendu. Il remarque qu'une échelle de cordes et de gros outils de fer ont pris place aux côtés d'un énorme poêle à charbon.

XVIII Les deux chaises de Marius se font vis-à-vis

Tout à coup la vibration lointaine et mélancolique d'une cloche ébranla les vitres. Six heures sonnaient à Saint-Médard.

Jondrette marqua chaque coup d'un hochement de tête. Le sixième sonné, il moucha[1] la chandelle avec ses doigts.

Vocabulaire
1. *Moucha* : éteignit.

Les Misérables

5   Puis il se mit à marcher dans la chambre, écouta dans le corridor, marcha, écouta encore :

– Pourvu qu'il vienne ! grommela-t-il ; puis il revint à sa chaise.

Il se rasseyait à peine que la porte s'ouvrit. [...]

M. Leblanc parut.

10   Il avait un air de sérénité[1] qui le faisait singulièrement vénérable[2].

Il posa sur la table quatre louis. [...]

– Dieu vous le rende, mon généreux bienfaiteur ! dit Jondrette ; et, s'approchant rapidement de sa femme :

– Renvoie le fiacre !

15   Elle s'esquiva[3] pendant que son mari prodiguait les saluts et offrait une chaise à M. Leblanc. Un instant après elle revint et lui dit bas à l'oreille :

– C'est fait.

La neige qui n'avait cessé de tomber depuis le matin était telle-
20   ment épaisse qu'on n'avait point entendu le fiacre arriver, et qu'on ne l'entendit pas s'en aller.

Cependant M. Leblanc s'était assis.

Jondrette avait pris possession de l'autre chaise en face de M. Leblanc.

25   Maintenant, pour se faire une idée de la scène qui va suivre, que le lecteur se figure dans son esprit la nuit glacée, les solitudes de la Salpêtrière[4] couvertes de neige, et blanches au clair de lune comme d'immenses linceuls[5], la clarté de veilleuse des réverbères rougissant çà et là ces boulevards tragiques[6] et les longues rangées des ormes[7]

Vocabulaire et nom propre
1. *Sérénité* : calme.
2. *Singulièrement vénérable* : digne du plus grand respect.
3. *S'esquiva* : quitta discrètement la pièce.
4. *La Salpêtrière* : hospice où l'on enfermait les mendiants situé près de la masure Gorbeau.
5. *Linceuls* : draps dans lesquels on enveloppe les morts.
6. *Tragiques* : ici, qui donnent un sentiment de grandeur triste.
7. *Ormes* : arbres qui bordent les avenues.

30 noirs, pas un passant peut-être à un quart de lieue à la ronde, la masure Gorbeau à son plus haut point de silence, d'horreur et de nuit, dans cette masure, au milieu de ces solitudes, au milieu de cette ombre, le vaste galetas Jondrette éclairé d'une chandelle, et dans ce bouge deux hommes assis à une table, M. Leblanc tranquille,
35 Jondrette souriant et effroyable, la Jondrette, la mère louve, dans un coin, et, derrière la cloison, Marius, invisible, debout, ne perdant pas une parole, ne perdant pas un mouvement, l'œil au guet[1], le pistolet au poing. [...]

XIX Se préoccuper des fonds obscurs

Jondrette reprend ses boniments, pendant que des hommes à l'aspect peu engageant s'introduisent discrètement dans la pièce. M. Leblanc repère leur manège. Mais Jondrette change brusquement de ton.

Tout à coup sa prunelle éteinte s'illumina d'un flamboiement hideux, ce petit homme se dressa et devint effrayant, il fit un pas vers M. Leblanc, et lui cria d'une voix tonnante :

– Il ne s'agit pas de tout cela ! me reconnaissez-vous ?

XX Le guet-apens

[...] Alors Jondrette vint jusqu'à la table. Il se pencha par-dessus la chandelle, croisant les bras, approchant sa mâchoire anguleuse et féroce du visage calme de M. Leblanc, et avançant le plus qu'il pouvait sans que M. Leblanc reculât, et dans cette posture de bête
5 fauve qui va mordre, il cria :

– [...] Je ne m'appelle pas Jondrette, je me nomme Thénardier ! je suis l'aubergiste de Montfermeil ! entendez-vous bien ? Thénardier ! Maintenant me reconnaissez-vous ?

Vocabulaire
1. *L'œil au guet* : faisant le guet.

Une imperceptible[1] rougeur passa sur le front de M. Leblanc, et
10 il répondit sans que sa voix tremblât, ni s'élevât, avec sa placidité[2]
ordinaire :

– Pas davantage. [...]

*Marius est choqué en entendant ce nom, qui évoque pour lui la dette
de son père.*

Quand Thénardier eut repris haleine, il attacha sur M. Leblanc ses
prunelles sanglantes, et lui dit d'une voix basse et brève :

15 – Qu'as-tu à dire avant qu'on te mette en brindesingues[3] ?

M. Leblanc se taisait. [...]

Depuis quelques instants, M. Leblanc semblait suivre et guetter
tous les mouvements de Thénardier, qui, aveuglé et ébloui par sa
propre rage, allait et venait dans le repaire avec la confiance de sentir
20 la porte gardée, de tenir, armé, un homme désarmé, et d'être neuf
contre un, en supposant que la Thénardier ne comptât que pour un
homme. [...].

M. Leblanc saisit ce moment, repoussa du pied la chaise, du
poing la table, et d'un bond, avec une agilité prodigieuse, avant
25 que Thénardier eût eu le temps de se retourner, il était à la fenêtre.
L'ouvrir, escalader l'appui, l'enjamber, ce fut une seconde. Il était
à moitié dehors quand six poings robustes le saisirent et le ramenè-
rent énergiquement dans le bouge. C'étaient les trois « fumistes[4] »
qui s'étaient élancés sur lui. [...]

30 Marius ne put résister à ce spectacle. – Mon père, pensa-t-il, par-
donne-moi ! – Et son doigt chercha la détente du pistolet. Le coup
allait partir lorsque la voix de Thénardier cria :

– Ne lui faites pas de mal ! [...] Attachez-le au pied du lit [...].

Vocabulaire

1. *Imperceptible* : presque invisible.
2. *Sa placidité* : son grand calme.
3. *Qu'on te mette en brindesingues* : qu'on te maltraite (argot).

4. *Fumistes* : ouvriers s'occupant du chauffage. Ici, malfrats qui se trou-vaient là, près du poêle.

nœud knot

Quand le dernier nœud fut serré, Thénardier prit une chaise et
35 vint s'asseoir presque en face de M. Leblanc. Thénardier ne se ressemblait plus, en quelques instants sa physionomie avait passé de la
violence effrénée à la douceur tranquille et rusée. Marius avait peine
à reconnaître dans ce sourire poli d'homme de bureau la bouche
presque bestiale qui écumait[1] le moment d'auparavant, il considérait
40 avec stupeur cette métamorphose fantastique[2] et inquiétante, et il
éprouvait ce qu'éprouverait un homme qui verrait un tigre se changer en un avoué[3]. [...]

Il reprit :

– Monsieur, vous avez eu tort de vouloir sauter par la fenêtre.
45 [...] Nous pouvons nous entendre. Arrangeons ceci à l'amiable[4].
J'ai eu tort de m'emporter[5] tout à l'heure, je ne sais où j'avais
l'esprit, j'ai été beaucoup trop loin, j'ai dit des extravagances[6].
Par exemple, parce que vous êtes millionnaire, je vous ai dit que
j'exigeais de l'argent, beaucoup d'argent, immensément d'argent.
50 Cela ne serait pas raisonnable. [...] Tenez, j'y mets du mien et je
fais un sacrifice de mon côté. Il me faut simplement deux cent
mille francs.

M. Leblanc ne souffla pas un mot. Thénardier poursuivit :

– [...] Ayez la bonté d'écrire ce que je vais vous dicter. [...]

*Thénardier fait écrire au « philanthrope » une lettre destinée à sa
fille, dans laquelle il lui demande de venir immédiatement à la maison
Gorbeau.*

55 – Signez. Quel est votre nom ?

– Urbain Fabre, dit le prisonnier.

Vocabulaire
1. *Écumait* : bavait de rage.
2. *Métamorphose fantastique* : transformation surnaturelle.
3. *Avoué* : officier de justice qui présente les deux parties au tribunal.

4. *À l'amiable* : en trouvant un
accord.
5. *M'emporter* : me mettre en colère.
6. *Des extravagances* : des folies.

Les Misérables

Thénardier, avec le mouvement d'un chat, précipita sa main dans sa poche et en tira le mouchoir saisi sur M. Leblanc. Il en chercha la marque et l'approcha de la chandelle.

60   – U. F. C'est cela. Urbain Fabre. Eh bien, signez U. F. [...]
Cela fait, Thénardier reprit :

– Mettez l'adresse. *Mademoiselle Fabre,* chez vous. Je sais que vous demeurez pas très loin d'ici, aux environs de Saint-Jacques-du-Haut-Pas, puisque c'est là que vous allez à la messe tous les jours, mais je ne 65 sais pas dans quelle rue. Je vois que vous comprenez votre situation. Comme vous n'avez pas menti pour votre nom, vous ne mentirez pas pour votre adresse. Mettez-la vous-même.

Le prisonnier resta un moment pensif, puis il prit la plume et écrivit :

70   – Mademoiselle Fabre, chez monsieur Urbain Fabre, rue Saint-Dominique-d'Enfer, n° 17. [...]

La Thénardier achemine la lettre à l'adresse indiquée. Mais elle n'y trouve pas la fille de M. Leblanc. Thénardier enrage.

– Une fausse adresse ? qu'est-ce que tu as donc espéré ?

– Gagner du temps ! cria le prisonnier d'une voix éclatante.

Et au même instant il secoua ses liens ; ils étaient coupés. Le pri-75 sonnier n'était plus attaché au lit que par une jambe. [...]

– Vous êtes des malheureux, mais ma vie ne vaut pas la peine d'être tant défendue. Quant à vous imaginer que vous me feriez parler, que vous me feriez écrire ce que je ne veux pas écrire, que vous me feriez dire ce que je ne veux pas dire...

80   Il releva la manche de son bras gauche et ajouta :

– Tenez.

En même temps il tendit son bras et posa sur la chair nue le ciseau ardent[1] qu'il tenait dans sa main droite par le manche de bois.

Vocabulaire
1. *Ardent* : chauffé dans les braises.

On entendit le frémissement de la chair brûlée, l'odeur propre
85 aux chambres de torture se répandit dans le taudis, Marius chancela
éperdu d'horreur, les brigands eux-mêmes eurent un frisson, le visage
de l'étrange vieillard se contracta à peine, et, tandis que le fer rouge
s'enfonçait dans la plaie fumante, impassible et presque auguste, il
attachait sur Thénardier son beau regard sans haine où la souffrance
90 s'évanouissait dans une majesté sereine.

Chez les grandes et hautes natures les révoltes de la chair[1] et
des sens en proie à la douleur physique font sortir l'âme et la font
apparaître sur le front, de même que les rébellions de la soldatesque
forcent le capitaine à se montrer.

95 – Misérables, dit-il, n'ayez pas plus peur de moi que je n'ai peur
de vous.

Et arrachant le ciseau de la plaie, il le lança par la fenêtre qui
était restée ouverte, l'horrible outil embrasé disparut dans la nuit en
tournoyant et alla tomber au loin et s'éteindre dans la neige.

100 Le prisonnier reprit :

– Faites de moi ce que vous voudrez.

Il était désarmé.

– Empoignez-le ! dit Thénardier. [...]

En même temps Marius entendit au-dessous de lui, au bas de la
105 cloison, mais tellement près qu'il ne pouvait voir ceux qui parlaient,
ce colloque[2] échangé à voix basse :

– Il n'y a plus qu'une chose à faire.

– L'escarper[3] !

– C'est cela.

110 C'était le mari et la femme qui tenaient conseil.

Thénardier marcha à pas lents vers la table, ouvrit le tiroir et
y prit le couteau.

Vocabulaire
1. *Les révoltes de la chair* : les dou- **2.** *Ce colloque* : cette discussion.
leurs physiques. **3.** *L'escarper* : l'assassiner (argot).

Les Misérables

Marius tourmentait le pommeau[1] du pistolet. Perplexité[2] inouïe. Depuis une heure il y avait deux voix dans sa conscience,
115 l'une lui disait de respecter le testament de son père, l'autre lui criait de secourir le prisonnier. Ces deux voix continuaient sans interruption leur lutte qui le mettait à l'agonie[3]. Il avait vaguement espéré jusqu'à ce moment de trouver un moyen de concilier[4] ces deux devoirs, mais rien de possible n'avait surgi. Cependant le péril
120 pressait, la dernière limite de l'attente était dépassée, à quelques pas du prisonnier Thénardier songeait, le couteau à la main. Marius égaré promenait ses yeux autour de lui, dernière ressource machinale du désespoir.

Tout à coup il tressaillit.

125 À ses pieds, sur la table, un vif rayon de pleine lune éclairait et semblait lui montrer une feuille de papier. Sur cette feuille il lut cette ligne écrite en grosses lettres le matin même par l'aînée des filles Thénardier :

– LES COGNES SONT LÀ.

130 Une idée, une clarté traversa l'esprit de Marius ; c'était le moyen qu'il cherchait, la solution de cet affreux problème qui le torturait, épargner l'assassin et sauver la victime. Il s'agenouilla sur sa commode, étendit le bras, saisit la feuille de papier, détacha doucement un morceau de plâtre de la cloison, l'enveloppa dans le papier, et
135 jeta le tout par la crevasse au milieu du bouge.

Il était temps. Thénardier avait vaincu ses dernières craintes ou ses derniers scrupules et se dirigeait vers le prisonnier.

– Quelque chose qui tombe ! cria la Thénardier.

– Qu'est-ce ? dit le mari.

Vocabulaire
1. *Le pommeau* : l'extrémité arrondie.
2. *Perplexité* : indécision.
3. *Qui le mettait à l'agonie* : qui le faisait atrocement souffrir.
4. *Concilier* : pouvoir accomplir en même temps.

140 La femme s'était élancée et avait ramassé le plâtras enveloppé du papier. Elle le remit à son mari. [...]

Thénardier déplia rapidement le papier et l'approcha de la chandelle.

– C'est de l'écriture d'Éponine. Diable !

145 Il fit signe à sa femme, qui s'approcha vivement, et il lui montra la ligne écrite sur la feuille de papier, puis il ajouta d'une voix sourde :

– Vite ! l'échelle ! laissons le lard dans la souricière[1] et fichons le camp ! [...]

150 – Voulez-vous mon chapeau ? cria une voix du seuil de la porte.

Tous se retournèrent. C'était Javert.

Il tenait son chapeau à la main, et le tendait en souriant.

XXI On devrait toujours commencer par arrêter les victimes

155

Javert, qui a déjà arrêté les filles Thénardier faisant le guet dans la rue, arrête également les hommes qui se trouvent dans le galetas. Il aperçoit alors leur prisonnier.

– Déliez monsieur, dit Javert, et que personne ne sorte !

Cela dit, il s'assit souverainement devant la table, où étaient restées la chandelle et l'écritoire[2], tira un papier timbré de sa poche et commença son procès-verbal[3].

5 Quand il eut écrit les premières lignes, qui ne sont que des formules toujours les mêmes, il leva les yeux.

– Faites approcher ce monsieur que ces messieurs avaient attaché.

Les agents regardèrent autour d'eux.

Vocabulaire
1. *Laissons le lard dans la souricière* : laissons l'appât dans le piège (argot).
2. *Écritoire* : matériel servant à écrire.

3. *Procès-verbal* : récit écrit de ce qui vient de se passer.

– Eh bien, demanda Javert, où est-il donc ?

10   Le prisonnier des bandits, M. Leblanc, M. Urbain Fabre, le père d'Ursule ou de l'Alouette, avait disparu.

La porte était gardée, mais la croisée ne l'était pas. Sitôt qu'il s'était vu délié, et pendant que Javert verbalisait, il avait profité du trouble, du tumulte, de l'encombrement, de l'obscurité, et d'un
15   moment où l'attention n'était pas fixée sur lui, pour s'élancer par la fenêtre.

Un agent courut à la lucarne, et regarda. On ne voyait personne dehors.

L'échelle de corde tremblait encore.

20   – Diable ! fit Javert entre ses dents, ce devait être le meilleur ! [...]

Quatrième partie

L'idylle rue Plumet
et l'épopée rue Saint-Denis

Livre premier
Quelques pages d'histoire

En 1830, Louis-Philippe d'Orléans succède à Charles X, lors de la « révolution de Juillet », instaurant une monarchie modérée. La France fait face à d'importants troubles sociaux : grèves, manifestations, émeutes partielles et agitation de la presse dénoncent les problèmes économiques et politiques.

Livre deuxième
Éponine

Pour ne pas avoir à témoigner contre les Thénardier, Marius s'est de nouveau installé chez Courfeyrac. Malheureux d'avoir encore une fois perdu la trace de celle qu'il aime, il fait chaque jour de longues promenades solitaires. Pour honorer la dette de son père, il fait parvenir anonymement cinq francs par semaine à Thénardier en prison. À l'une de ces occasions, il rencontre Éponine qui a retrouvé sa liberté. Elle lui donne comme promis l'adresse de la jeune fille et de son père.

Les Misérables

Livre troisième
La maison de la rue Plumet

I La maison à secret

Afin d'y établir sa maîtresse en toute discrétion, un politicien a autre-
fois fait construire une maison rue Plumet.

Cette maison se composait d'un pavillon à un seul étage, deux
salles au rez-de-chaussée, deux chambres au premier, en bas une
cuisine, en haut un boudoir, sous le toit un grenier, le tout précédé
d'un jardin avec large grille donnant sur la rue. Ce jardin avait
5 environ un arpent. C'était là tout ce que les passants pouvaient
entrevoir ; mais en arrière du pavillon il y avait une cour étroite
et au fond de la cour un logis bas de deux pièces sur cave, espèce
d'en-cas destiné à dissimuler au besoin un enfant et une nourrice. Ce
logis communiquait, par derrière, par une porte masquée et ouvrant
10 à secret, avec un long couloir étroit, pavé, sinueux, à ciel ouvert,
bordé de deux hautes murailles, lequel, caché avec un art prodigieux
et comme perdu entre les clôtures des jardins et des cultures dont il
suivait tous les angles et tous les détours, allait aboutir à une autre
porte également à secret qui s'ouvrait à un demi-quart de lieue de
15 là, presque dans un autre quartier, à l'extrémité solitaire de la rue
de Babylone. [...]

Au mois d'octobre 1829, un homme d'un certain âge s'était
présenté et avait loué la maison telle qu'elle était, y compris, bien
entendu, l'arrière-corps de logis et le couloir qui allait aboutir à la
20 rue de Babylone. Il avait fait rétablir les ouvertures à secret des deux
portes de ce passage. La maison, nous venons de le dire, était encore
à peu près meublée des vieux ameublements du président[1], le nouveau locataire avait ordonné quelques réparations, ajouté çà et là ce

---

Vocabulaire
1. *Président* : politicien qui a fait construire la maison.

qui manquait, remis des pavés à la cour, des briques aux carrelages,
25 des marches à l'escalier, des feuilles aux parquets et des vitres aux
croisées, et enfin était venu s'installer avec une jeune fille et une
servante âgée, sans bruit, plutôt comme quelqu'un qui se glisse que
comme quelqu'un qui entre chez soi. Les voisins n'en jasèrent point,
par la raison qu'il n'y avait pas de voisins.
30   Ce locataire peu à effet était Jean Valjean, la jeune fille était
Cosette. La servante était une fille appelée Toussaint que Jean
Valjean avait sauvée de l'hôpital[1] et de la misère et qui était vieille,
provinciale et bègue, trois qualités qui avaient déterminé Jean
Valjean à la prendre avec lui. Il avait loué la maison sous le nom
35 de M. Fauchelevent, rentier. Dans tout ce qui a été raconté plus
haut, le lecteur a sans doute moins tardé encore que Thénardier
à reconnaître Jean Valjean. [...]

II à IV

*Jean Valjean et Cosette sont sortis du couvent : l'éducation de Cosette
est terminée. Gardant le nom d'Ultime Fauchelevent pour échapper
à Javert, l'ancien forçat, digne de confiance aux yeux de la mairie, a reçu
un uniforme de garde national qu'il endosse deux ou trois fois par an.*

*En même temps que la maison de la rue Plumet, Jean Valjean a loué,
par sécurité, un appartement rue de l'Homme-Armé, et un autre rue de
l'Ouest, qu'il occupe dans un premier temps avec Cosette. Âgée de seize
ans, cette dernière devient une jeune fille.*

V La rose s'aperçoit qu'elle est une machine de guerre

Un jour Cosette se regarda par hasard dans son miroir et se dit :
tiens ! Il lui semblait presque qu'elle était jolie. [...]

Vocabulaire
1. *L'hôpital* : l'hospice réservé aux mendiants.

Le lendemain elle se regarda, mais non par hasard, et elle douta :
– Où avais-je l'esprit ? dit-elle, non, je suis laide. Elle ne se regarda
5 plus, et pendant plus de quinze jours elle tâcha de se coiffer tournant
le dos au miroir. [...]

Un jour enfin, elle était dans le jardin, et elle entendit la pauvre
vieille Toussaint qui disait : Monsieur, remarquez-vous comme
mademoiselle devient jolie ? Cosette n'entendit pas ce que son père
10 répondit, les paroles de Toussaint furent pour elle une sorte de commotion[1]. Elle s'échappa du jardin, monta à sa chambre, courut à la
glace, il y avait trois mois qu'elle ne s'était regardée, et poussa un
cri. Elle venait de s'éblouir elle-même.

Elle était belle et jolie ; elle ne pouvait s'empêcher d'être de
15 l'avis de Toussaint et de son miroir. Sa taille s'était faite[2], sa peau
avait blanchi, ses cheveux s'étaient lustrés[3], une splendeur incon-
nue s'était allumée dans ses prunelles bleues. La conscience de sa
beauté lui vint tout entière, en une minute, comme un grand jour
qui se fait, les autres la remarquaient d'ailleurs, Toussaint le disait,
20 c'était d'elle évidemment que le passant avait parlé, il n'y avait plus
à douter ; elle redescendit au jardin, se croyant reine, entendant les
oiseaux chanter, c'était en hiver, voyant le ciel doré, le soleil dans
les arbres, des fleurs dans les buissons, éperdue, folle, dans un ravis-
sement inexprimable. [...]

25 Ce fut à cette époque que Marius, après six mois écoulés, la revit
au Luxembourg.

VI La bataille commence

[...] On se rappelle les hésitations de Marius, ses palpitations, ses
terreurs. Il restait sur son banc et n'approchait pas. Ce qui dépitait
Cosette. Un jour elle dit à Jean Valjean : – Père, promenons-nous

---

Vocabulaire
1. *Commotion* : une secousse.
2. *Faite* : dessinée.
3. *S'étaient lustrés* : étaient devenus brillants.

donc un peu de ce côté-là. Voyant que Marius ne venait point à elle,
5 elle alla à lui. En pareil cas, toute femme ressemble à Mahomet. Et
puis, chose bizarre, le premier symptôme de l'amour vrai chez un
jeune homme, c'est la timidité, chez une jeune fille, c'est la har-
diesse. Ceci étonne, et rien n'est plus simple pourtant. Ce sont les
deux sexes qui tendent à se rapprocher et qui prennent les qualités
10 l'un de l'autre.

Ce jour-là, le regard de Cosette rendit Marius fou, le regard
de Marius rendit Cosette tremblante. Marius s'en alla confiant, et
Cosette inquiète. À partir de ce jour, ils s'adorèrent. [...]

VII À tristesse, tristesse et demie

[...] On sait le reste. Marius continua d'être insensé. Un jour il
suivit Cosette rue de l'Ouest, un autre jour il parla au portier. Le
portier de son côté parla, et dit à Jean Valjean : – Monsieur, qu'est-ce
que c'est donc qu'un jeune homme curieux qui vous a demandé ?
5 Le lendemain Jean Valjean jeta à Marius ce coup d'œil dont Marius
s'aperçut enfin. Huit jours après, Jean Valjean avait déménagé. Il se
jura qu'il ne remettrait plus les pieds ni au Luxembourg, ni rue de
l'Ouest. Il retourna rue Plumet.

Cosette ne se plaignit pas, elle ne dit rien, elle ne fit pas de ques-
10 tions, elle ne chercha à savoir aucun pourquoi ; elle en était déjà
à la période où l'on craint d'être pénétré[1] et de se trahir. Jean Valjean
n'avait aucune expérience de ces misères, les seules qui soient charmantes et les seules qu'il ne connût pas ; cela fit qu'il ne comprit
point la grave signification du silence de Cosette. [...]
15 Quand Jean Valjean avait cessé de la conduire aux promenades
habituelles, un instinct de femme lui avait confusément murmuré

Vocabulaire
1. *Où l'on craint d'être pénétré* : où l'on a peur de révéler nos secrets.

au fond du cœur qu'il ne fallait pas paraître tenir au Luxembourg, et que si cela lui était indifférent, son père l'y ramènerait. Mais les jours, les semaines et les mois se succédèrent. Jean Valjean avait accepté
20 tacitement[1] le consentement tacite[2] de Cosette. Elle le regretta. [...]

Pour ne pas attirer l'attention, le jardin de la maison de la rue Plumet est laissé à l'abandon.

VIII La cadène

Malgré la mélancolie qui s'est emparée de la jeune fille, Cosette et Jean Valjean continuent leurs promenades quotidiennes, en évitant le Luxembourg.

[...] Donc un matin d'octobre, tentés par la sérénité parfaite de l'automne de 1831, ils étaient sortis, et ils se trouvaient au petit jour près de la barrière du Maine. Ce n'était pas l'aurore, c'était l'aube ; minute ravissante et farouche. [...]
5 Jean Valjean s'était assis dans la contre-allée sur des charpentes déposées à la porte d'un chantier. Il avait le visage tourné vers la route, et le dos tourné au jour ; il oubliait le soleil qui allait se lever ; il était tombé dans une de ces absorptions profondes[3] où tout l'esprit se concentre, qui emprisonnent même le regard et qui équivalent à quatre
10 murs. Il y a des méditations qu'on pourrait nommer verticales ; quand on est au fond, il faut du temps pour revenir sur la terre. [...] Cosette, debout près de lui, regardait les nuages devenir roses.

Tout à coup, Cosette s'écria : Père, on dirait qu'on vient là-bas. Jean Valjean leva les yeux.
15 Cosette avait raison. [...]

Vocabulaire
1. *Tacitement* : sans en parler.
2. *Le consentement tacite* : l'accord silencieux.
3. *Absorptions profondes* : réflexions intenses.

Sept voitures marchaient à la file sur la route. Les six premières avaient une structure singulière. Elles ressemblaient à des haquets de tonneliers[1] ; c'étaient des espèces de longues échelles posées sur deux roues et formant brancard à leur extrémité antérieure.
20 Chaque haquet, disons mieux, chaque échelle était attelée de quatre chevaux bout à bout[2]. Sur ces échelles étaient traînées d'étranges grappes d'hommes. Dans le peu de jour qu'il faisait, on ne voyait pas ces hommes ; on les devinait. Vingt-quatre sur chaque voiture, douze de chaque côté, adossés les uns aux autres, faisant face aux
25 passants, les jambes dans le vide, ces hommes cheminaient ainsi ; et ils avaient derrière le dos quelque chose qui sonnait et qui était une chaîne et au cou quelque chose qui brillait et qui était un carcan. Chacun avait son carcan[3], mais la chaîne était pour tous ; de façon que ces vingt-quatre hommes, s'il leur arrivait de descendre
30 du haquet et de marcher, étaient saisis par une sorte d'unité inexorable[4] et devaient serpenter sur le sol avec la chaîne pour vertèbre à peu près comme le mille-pieds[5]. À l'avant et à l'arrière de chaque voiture, deux hommes, armés de fusils, se tenaient debout, ayant chacun une des extrémités de la chaîne sous son pied. Les carcans
35 étaient carrés. La septième voiture, vaste fourgon à ridelles[6], mais sans capote, avait quatre roues et six chevaux, et portait un tas sonore de chaudières de fer, de marmites de fonte, de réchauds et de chaînes, où étaient mêlés quelques hommes garrottés[7] et couchés tout de leur long, qui paraissaient malades. Ce fourgon,
40 tout à claire-voie[8], était garni de claies[9] délabrées qui semblaient avoir servi aux vieux supplices. [...]

Vocabulaire

1. *Haquets de tonneliers* : charrette sans montants, servant au transport des tonneaux.
2. *Bout à bout* : l'un derrière l'autre.
3. *Carcan* : collier de fer.
4. *Inexorable* : inévitable.

5. *Mille-pieds* : mille-pattes.
6. *Ridelles* : montants de bois.
7. *Garrottés* : ligotés solidement.
8. *Tout à claire-voie* : fermé de grilles.
9. *Claies* : grillage de bois ou d'osier.

Les Misérables

Brusquement, le soleil parut ; l'immense rayon de l'orient jaillit, et l'on eût dit qu'il mettait le feu à toutes ces têtes farouches. Les langues se délièrent ; un incendie de ricanements, de jurements et de
45 chansons fit explosion. La large lumière horizontale coupa en deux toute la file, illuminant les têtes et les torses, laissant les pieds et les roues dans l'obscurité. Les pensées apparurent sur les visages ; ce moment fut épouvantable ; des démons visibles, à masques tombés, des âmes féroces toutes nues. Éclairée, cette cohue[1] resta ténébreuse.
50 [...]

Toutes les détresses étaient dans ce cortège comme un chaos ; il y avait là l'angle facial de toutes les bêtes, des vieillards, des adolescents, des crânes nus, des barbes grises, des monstruosités cyniques, des résignations hargneuses, des rictus[2] sauvages, des attitudes insen-
55 sées, des groins coiffés de casquettes, des espèces de têtes de jeunes filles avec des tire-bouchons sur les tempes, des visages enfantins et, à cause de cela, horribles, de maigres faces de squelettes auxquelles il ne manquait que la mort. On voyait sur la première voiture un nègre, qui, peut-être, avait été esclave et qui pouvait comparer
60 les chaînes. L'effrayant niveau d'en bas[3], la honte, avait passé sur ces fronts ; à ce degré d'abaissement, les dernières transformations étaient subies par tous dans les dernières profondeurs ; et l'ignorance changée en hébétement[4] était l'égale de l'intelligence changée en désespoir. Pas de choix possible entre ces hommes qui apparaissaient
65 aux regards comme l'élite de la boue. Il était clair que l'ordonnateur quelconque de cette procession immonde ne les avait pas classés. Ces êtres avaient été liés et accouplés pêle-mêle, dans le désordre alphabétique probablement, et chargés au hasard sur ces voitures. [...]

Vocabulaire

1. *Cohue* : foule désordonnée et bruyante.
2. *Rictus* : sourires contractés.

3. *D'en bas* : ici, de la misère, des basses couches de la société.
4. *Hébétement* : engourdissement physique et intellectuel.

70 Comme les chants et les blasphèmes[1] grossissaient, celui qui semblait le capitaine de l'escorte fit claquer son fouet, et, à ce signal, une effroyable bastonnade sourde et aveugle qui faisait le bruit de la grêle tomba sur les sept voiturées ; beaucoup rugirent et écumèrent ; ce qui redoubla la joie des gamins accourus, nuée de mouches sur ces plaies.

75 L'œil de Jean Valjean était devenu effrayant. Ce n'était plus une prunelle ; c'était cette vitre profonde qui remplace le regard chez certains infortunés, qui semble inconsciente de la réalité, et où flamboie la réverbération[2] des épouvantes et des catastrophes. Il ne regardait pas un spectacle ; il subissait une vision. Il voulut se lever, fuir, échap-
80 per ; il ne put remuer un pied. Quelquefois les choses qu'on voit vous saisissent, et vous tiennent. Il demeura cloué, pétrifié, stupide, se demandant, à travers une confuse angoisse inexprimable, ce que signifiait cette persécution sépulcrale[3], et d'où sortait ce pandémo-nium[4] qui le poursuivait. Tout à coup il porta la main à son front,
85 geste habituel de ceux auxquels la mémoire revient subitement ; il se souvint que c'était là l'itinéraire en effet, que ce détour était d'usage pour éviter les rencontres royales toujours possibles sur la route de Fontainebleau, et que, trente-cinq ans auparavant, il avait passé par cette barrière-là.
90 Cosette, autrement[5] épouvantée, ne l'était pas moins. Elle ne comprenait pas ; le souffle lui manquait ; ce qu'elle voyait ne lui semblait pas possible ; enfin elle s'écria :

– Père ! qu'est-ce qu'il y a donc dans ces voitures-là ?

Jean Valjean répondit :
95 – Des forçats.

– Où donc est-ce qu'ils vont ?

Vocabulaire

1. *Blasphèmes* : insultes à caractère religieux.
2. *Réverbération* : reflet.
3. *Sépulcrale* : venant de l'enfer.

4. *Pandémonium* : réunion de démons.
5. *Autrement* : ici, d'une autre manière.

Les Misérables

– Aux galères. [...]

Cosette tremblait de tous ses membres ; elle reprit :

– Père, est-ce que ce sont encore des hommes ?

100   – Quelquefois, dit le misérable. [...]

Jean Valjean rentra accablé. De telles rencontres sont des chocs et le souvenir qu'elles laissent ressemble à un ébranlement[1].

Pourtant Jean Valjean, en regagnant avec Cosette la rue de Babylone, ne remarqua point qu'elle lui fît d'autres questions au
105 sujet de ce qu'ils venaient de voir ; peut-être était-il trop absorbé lui-même dans son accablement pour percevoir ses paroles et pour lui répondre. Seulement le soir, comme Cosette le quittait pour s'aller coucher, il l'entendit qui disait à demi-voix et comme se parlant à elle-même : – Il me semble que si je trouvais sur mon
110 chemin un de ces hommes-là, ô mon Dieu, je mourrais rien que de le voir de près !

Livre quatrième
Secours d'en bas
peut être secours d'en haut

C'est à cette période de leurs vies que Cosette et Jean Valjean se sont rendus dans le galetas des Jondrette, et que l'ancien forçat a échappé de justesse au guet-apens qu'on lui tendait.

Vocabulaire
1. *Ébranlement* : bouleversement.

Livre cinquième
Dont la fin ne ressemble pas au commencement

I à III

Jean Valjean s'absente de temps en temps. Alors qu'elle est seule, Cosette croit voir une ombre dans le jardin.

Quelques jours plus tard, la jeune femme trouve, sur le banc de pierre, un cahier où sont écrits des aphorismes sentimentaux. Elle les lit avec émotion.

ooh !

IV Un cœur sous une pierre

Pendant cette lecture, Cosette entrait peu à peu en rêverie. [...] Elle se remit à contempler le cahier. [...] Maintenant ces pages, de qui pouvaient-elles venir ? qui pouvait les avoir écrites ?

Cosette n'hésita pas une minute. Un seul homme.

5 Lui !

Le jour s'était refait dans son esprit. Tout avait reparu. Elle éprouvait une joie inouïe et une angoisse profonde. C'était lui ! lui qui lui écrivait ! lui qui était là ! lui dont le bras avait passé à travers cette grille ! Pendant qu'elle l'oubliait, il l'avait retrouvée ! Mais est-ce

10 qu'elle l'avait oublié ? Non jamais ! Elle était folle d'avoir cru cela un moment. Elle l'avait toujours aimé, toujours adoré. Le feu s'était couvert et avait couvé quelque temps, mais, elle le voyait bien, il n'avait fait que creuser plus avant, et maintenant il éclatait de nouveau et l'embrasait tout entière. Ce cahier était comme une flammèche

15 tombée de cette autre âme dans la sienne. Elle sentait recommencer l'incendie. Elle se pénétrait de chaque mot du manuscrit. – Oh oui ! disait-elle, comme je reconnais tout cela ! C'est tout ce que j'avais déjà lu dans ses yeux.

[...]

> manière d'écriture est jeune et naïve comme elle

flam

Les Misérables

VI Les vieux sont faits pour sortir à propos

En l'absence de Jean Valjean, à la nuit tombée, Cosette descend au jardin dans l'espoir d'y rencontrer son admirateur. Elle l'aperçoit enfin.

C'était lui.

Il était tête nue. Il paraissait pâle et amaigri. On distinguait à peine son vêtement noir. Le crépuscule blêmissait son beau front et couvrait ses yeux de ténèbres. Il avait, sous un voile d'incomparable
5 douceur, quelque chose de la mort et de la nuit. Son visage était éclairé par la clarté du jour qui se meurt et par la pensée d'une âme qui s'en va. [...]

Cosette, prête à défaillir¹, ne poussa pas un cri. Elle reculait lentement, car elle se sentait attirée. Lui ne bougeait point. À je ne sais
10 quoi d'ineffable² et de triste qui l'enveloppait, elle sentait le regard de ses yeux qu'elle ne voyait pas.

Cosette, en reculant, rencontra un arbre et s'y adossa. Sans cet arbre, elle fût tombée.

Alors elle entendit sa voix, cette voix qu'elle n'avait vraiment
15 jamais entendue, qui s'élevait à peine au-dessus du frémissement des feuilles, et qui murmurait :

– Pardonnez-moi, je suis là. J'ai le cœur gonflé, je ne pouvais pas vivre comme j'étais, je suis venu. Avez-vous lu ce que j'avais mis là, sur ce banc ? Me reconnaissez-vous un peu ? N'ayez pas peur
20 de moi. Voilà du temps déjà, vous rappelez-vous le jour où vous m'avez regardé ? c'était dans le Luxembourg, près du Gladiateur. Et le jour où vous avez passé devant moi ? C'étaient le 16 juin et le 2 juillet. Il va y avoir un an. Depuis bien longtemps, je ne vous ai plus vue. [...]

25 – Ô ma mère ! dit-elle.

Vocabulaire
1. *Défaillir* : s'évanouir. 2. *Ineffable* : inexprimable.

Et elle s'affaissa sur elle-même comme si elle se mourait.

Il la prit, elle tombait, il la prit dans ses bras, il la serra étroitement sans avoir conscience de ce qu'il faisait. [...]

Il balbutia : — *stammel*

30 – Vous m'aimez donc ?

Elle répondit d'une voix si basse que ce n'était plus qu'un souffle qu'on entendait à peine :

– Tais-toi ! tu le sais !

Et elle cacha sa tête rouge dans le sein du jeune homme superbe
35 et enivré.

Il tomba sur le banc, elle près de lui. Ils n'avaient plus de paroles. Les étoiles commençaient à rayonner. Comment se fit-il que leurs lèvres se rencontrèrent ? Comment se fait-il que l'oiseau chante, que la neige fonde, que la rose s'ouvre, que mai s'épanouisse, que
40 l'aube blanchisse derrière les arbres noirs au sommet frissonnant des collines ?

Un baiser, et ce fut tout. *oh my god*

Tous deux tressaillirent, et ils se regardèrent dans l'ombre avec des yeux éclatants. [...]

Livre sixième
Le petit Gavroche

I Méchante espièglerie du vent

Les Thénardier ont eu en réalité deux autres petits garçons pendant qu'ils vivaient à Montfermeil. Ils les ont abandonnés contre de l'argent à une certaine Magnon. Mais la Magnon est arrêtée par la police, et les enfants, ces petits frères que Gavroche ne connaît pas, se retrouvent seuls dans les rues de Paris.

Les Misérables

II Où le petit Gavroche tire parti de Napoléon le Grand

[…] *Gavroche les rencontre.*

Cependant une nuée[1] était venue, il commençait à pleuvoir.

Le petit Gavroche courut après eux et les aborda :

– Qu'est-ce que vous avez donc, moutards[2] ?

– Nous ne savons pas où coucher, répondit l'aîné.

5 – C'est ça ? dit Gavroche, voilà grand'chose. Est-ce qu'on pleure pour ça ? Sont-ils serins[3] donc !

Et prenant, à travers sa supériorité un peu goguenarde, un accent d'autorité attendrie et de protection douce :

– Momacques[4], venez avec moi.

10 – Oui, monsieur, fit l'aîné.

Et les deux enfants le suivirent comme ils auraient suivi un archevêque. Ils avaient cessé de pleurer.

Gavroche leur fit monter la rue Saint-Antoine dans la direction de la Bastille. […]

15 Il y a vingt ans, on voyait encore dans l'angle sud-est de la place de la Bastille près de la gare du canal creusée dans l'ancien fossé de la prison-citadelle, un monument bizarre qui s'est effacé déjà de la mémoire des Parisiens, et qui méritait d'y laisser quelque trace, car c'était une pensée du « membre de l'Institut, général en chef de l'armée d'Égypte ».

20 Nous disons monument, quoique ce ne fût qu'une maquette, Mais cette maquette elle-même, ébauche prodigieuse, cadavre grandiose d'une idée de Napoléon que deux ou trois coups de vent successifs avaient emportée et jetée à chaque fois plus loin de nous, était devenue historique, et avait pris je ne sais quoi de définitif

25 qui contrastait avec son aspect provisoire. C'était un éléphant de quarante pieds de haut, construit en charpente et en maçonnerie,

---

Vocabulaire
1. *Une nuée* : un nuage.
2. *Moutards* : enfants (argot).
3. *Serins* : idiots (argot).
4. *Momacques* : enfants (argot).

~ formerly

portant sur son dos sa tour qui ressemblait à une maison, jadis peint en vert par un badigeonneur quelconque, maintenant peint en noir par le ciel, la pluie et le temps. […]

30   En arrivant près du colosse, Gavroche comprit l'effet que l'infiniment grand peut produire sur l'infiniment petit, et dit :

– Moutards ! n'ayez pas peur. […]

Il y avait là, couchée le long de la palissade[1], une échelle qui servait le jour aux ouvriers du chantier voisin. Gavroche la souleva avec

35 une singulière vigueur, et l'appliqua contre une des jambes de devant de l'éléphant. Vers le point où l'échelle allait aboutir, on distinguait une espèce de trou noir dans le ventre du colosse.

Gavroche montra l'échelle et le trou à ses hôtes et leur dit : […]

– Eh bien, cria-t-il, montez donc, les momignards ! vous allez voir

40 comme on est bien !

– […] Les mioches, vous êtes chez moi.

Gavroche était en effet chez lui. […]

Les enfants entendirent le reniflement de l'allumette enfoncée dans la bouteille phosphorique[2]. […]

45   Une clarté subite leur fit cligner les yeux ; Gavroche venait d'allumer un de ces bouts de ficelle trempée dans la résine qu'on appelle rats de cave[3]. […]

bits   string   soaked

Et il les poussa vers ce que nous sommes très heureux de pouvoir appeler le fond de la chambre.

50   Là était son lit.

Le lit de Gavroche était complet. C'est-à-dire qu'il y avait un matelas, une couverture et une alcôve avec rideaux.

Vocabulaire

1. *Palissade* : clôture.
2. *La bouteille phosphorique* : flacon contenant du phosphore.

3. *Rats de cave* : bougies.

Les Misérables

straw mat

Le matelas était une natte de paille, la couverture était un assez
vaste pagne de grosse laine grise fort chaude et presque neuve. Voici
55 ce que c'était que l'alcôve.

Trois échalas[1] assez longs enfoncés et consolidés dans les gravols[2]
du sol, c'est-à-dire du ventre de l'éléphant, deux en avant, un en arrière,
et réunis par une corde à leur sommet, de manière à former un faisceau
pyramidal. Ce faisceau supportait un treillage de fil de laiton qui était
60 simplement posé dessus, mais artistement appliqué et maintenu par
des attaches de fil de fer, de sorte qu'il enveloppait entièrement les trois
échalas. Un cordon de grosses pierres fixait tout autour ce treillage sur
le sol, de manière à ne rien laisser passer. Ce treillage n'était autre chose
qu'un morceau de ces grillages de cuivre dont on revêt les volières dans
65 les ménageries. Le lit de Gavroche était sous ce grillage comme dans
une cage. L'ensemble ressemblait à une tente d'esquimau.

C'est ce grillage qui tenait lieu de rideaux.

Gavroche dérangea un peu les pierres qui assujettissaient[3] le
grillage par devant ; les doux pans du treillage qui retombaient l'un
70 sur l'autre s'écartèrent.

– Mômes, à quatre pattes ! dit Gavroche.

Il fit entrer avec précaution ses hôtes dans la cage, puis il y entra
après eux, en rampant, rapprocha les pierres et referma hermétique-
ment l'ouverture.

75 Ils s'étaient étendus tous trois sur la natte. [...]

– Monsieur, demanda l'aîné des deux frères à Gavroche en mon-
trant le grillage, qu'est-ce que c'est donc que ça ?

– Ça, dit Gavroche gravement, c'est pour les rats. – Pioncez[4] ! [...]
Les heures de la nuit s'écoulèrent. [...]

Vocabulaire
1. *Échalas* : long bâtons.
2. *Gravols* : gravats.

3. *Assujettissaient* : appuyaient sur.
4. *Pioncez* : dormez (argot).

III Les péripéties de l'évasion

Avec l'aide de Gavroche et de Montparnasse, un bandit du Patron-Minet, Thénardier et ses complices s'échappent de la prison.

[...]

Livre huitième
Les enchantements et les désolations

I, II, III, IV et V

Marius rend désormais visite à Cosette chaque nuit, dans le secret du jardin. Il croise parfois sur le chemin Éponine, d'humeur sombre. Elle le suit en fait jusqu'à la rue Plumet, et se dissimule derrière la grille pour l'épier en compagnie de Cosette. C'est là qu'elle surprend les malfrats du Patron-Minet, accompagnés de Thénardier, qui tentent d'entrer. Elle les met en fuite en les menaçant de crier, et continue de surveiller les deux amoureux.

VI Marius redevient réel au point de donner son adresse à Cosette

Dans le jardin cependant, un drame se noue : Cosette avoue à Marius qu'elle va bientôt partir, sans doute en Angleterre, où son père a des affaires.

Marius est désespéré par cette nouvelle. Il réfléchit, puis entrevoit un moyen de garder Cosette près de lui. Avant quitter la rue Plumet, et afin que Cosette sache où adresser ses lettres en cas de nécessité, il grave son adresse, « 16, rue de la Verrerie », dans le plâtre du mur.

VII Le vieux cœur et le jeune cœur en présence

Marius rend ensuite visite à son grand-père qu'il n'a pas vu depuis quatre ans. Il veut épouser Cosette, et a besoin de son autorisation. Le

grand-père, heureux malgré tout de revoir son petit-fils, refuse avec véhé-
mence qu'il épouse une fille sans dot ni fortune. Il lui propose d'en faire
sa maîtresse. Marius, profondément outragé, s'en va.

Livre neuvième
Où vont-ils ?

I Jean Valjean

*Jean Valjean est soucieux : non seulement il a lu, sans en comprendre
le sens, l'adresse que Marius a gravée sur la muraille du jardin, mais encore
il reçoit, au cours d'une promenade, un mystérieux papier sur lequel il est
écrit : DÉMÉNAGEZ.*

II Marius

*D'humeur sombre, Marius quant à lui, armé de ses pistolets, erre dans
Paris. Il apprend que ses amis ont élevé une barricade rue de la Chanvrerie.*
[...]

Livre dixième
Le 5 juin 1832

*L'enterrement du général républicain Lamarque, victime du choléra,
a produit en effet l'étincelle suffisante à l'insurrection. Paris est en émoi.
Une lutte inégale s'engage entre la garde et les citoyens, qui érigent
des barricades.*

Livre onzième
L'atome fraternise avec l'ouragan

*Il s'est écoulé plus de deux mois depuis que Gavroche a hébergé ses
frères. Il a maintenant perdu leur trace. Le gamin, toujours de bonne*

humeur, décide en chantant de rejoindre les émeutiers qui cheminent dans [rioters]
Paris. Cherchant Marius, Éponine se joint elle aussi aux insurgés.

Livre douzième
Corinthe
I à IV

[square]

    Devant le Corinthe, le cabaret qui sert de quartier général à l'ABC,
Courfeyrac et une cinquantaine d'émeutiers montent deux barricades en
équerre, avec tout ce qu'ils ont sous la main : portes en verre, tonneaux et
même un omnibus. La première barricade bloque la rue de la Chanvrerie
et l'autre la rue Mondétour. À l'intérieur du Corinthe, on coule toutes
sortes d'objets métalliques pour fabriquer des munitions. Puis les insurgés
attendent.

VII L'homme recruté rue des Billettes

    Gavroche s'affaire lui aussi à ses cartouches, quand un homme étrange [cartridges]
pénètre dans la salle du cabaret.

Lorsqu'il entra, Gavroche le suivit machinalement des yeux,
admirant son fusil, puis, brusquement, quand l'homme fut assis, le
gamin se leva. Ceux qui auraient épié l'homme jusqu'à ce moment
l'auraient vu tout observer dans la barricade et dans la bande des
5 insurgés avec une attention singulière ; mais depuis qu'il était
entré dans la salle, il avait été pris d'une sorte de recueillement[1]
et semblait ne plus rien voir de ce qui se passait. Le gamin s'approcha de ce personnage pensif et se mit à tourner autour de lui sur
la pointe du pied comme on marche auprès de quelqu'un qu'on
10 craint de réveiller. En même temps, sur son visage enfantin, à la

---

Vocabulaire
1. *Recueillement* : silence concentré.

fois si effronté et si sérieux, si évaporé[1] et si profond, si gai et si navrant[2], passaient toutes ces grimaces de vieux qui signifient :
– Ah bah ! – pas possible ! – j'ai la berlue[3] ! – je rêve ! – est-ce que ce serait ? ... – non, ce n'est pas ! – mais si ! – mais non ! etc.

15 Gavroche se balançait sur ses talons, crispait ses deux poings dans ses poches, remuait le cou comme un oiseau, dépensait en une lippe[4] démesurée toute la sagacité[5] de sa lèvre inférieure. Il était stupéfait, incertain, incrédule[6], convaincu, ébloui. Il avait la mine du chef des eunuques[7] au marché des esclaves découvrant une
20 Vénus parmi des dondons, et l'air d'un amateur reconnaissant un Raphaël dans un tas de croûtes[8]. Tout chez lui était en travail, l'instinct qui flaire et l'intelligence qui combine. Il était évident qu'il arrivait un événement à Gavroche.

C'est au plus fort de cette préoccupation qu'Enjolras l'aborda.
25 – Tu es petit, dit Enjolras, on ne te verra pas. Sors des barricades, glisse-toi le long des maisons, va un peu partout par les rues, et reviens me dire ce qui se passe.

Gavroche se haussa sur ses hanches.
– Les petits sont donc bons à quelque chose ! c'est bien heureux !
30 J'y vas. En attendant fiez-vous aux petits, méfiez-vous des grands...
– Et Gavroche, levant la tête et baissant la voix, ajouta, en désignant l'homme de la rue des Billettes :
– Vous voyez bien ce grand-là ?
– Eh bien ?
35 – C'est un mouchard[9].

Vocabulaire

1. *Évaporé* : manquant de sérieux, léger.
2. *Navrant* : désolant.
3. *Berlue* : maladie qui déforme la vision.
4. *Lippe* : moue d'insatisfaction.
5. *Sagacité* : intelligence.
6. *Incrédule* : ne croyant pas ce qu'il voyait.
7. *Eunuques* : serviteurs chargés de la garde des harems.
8. *Croûtes* : tableaux sans valeur.
9. *Mouchard* : policier (argot).

– Tu es sûr ?

– Il n'y a pas quinze jours qu'il m'a enlevé par l'oreille de la corniche**¹** du pont Royal où je prenais l'air.

40 Enjolras quitta vivement le gamin et murmura quelques mots très bas à un ouvrier du port aux vins qui se trouvait là. L'ouvrier sortit de la salle et y rentra presque tout de suite accompagné de trois autres. Les quatre hommes, quatre portefaix aux larges épaules, allèrent se placer, sans rien faire qui pût attirer son attention, derrière la table où était accoudé l'homme de la rue des Billettes. Ils étaient visiblement

45 prêts à se jeter sur lui.

Alors Enjolras s'approcha de l'homme et lui demanda :

– Qui êtes-vous ? [...] Vous êtes mouchard ?

– Je suis agent de l'autorité.

– Vous vous appelez ?

50 – Javert.

Enjolras fit signe aux quatre hommes. En un clin d'œil, avant que Javert eût eu le temps de se retourner, il fut colleté, terrassé, garrotté, fouillé. [...]

– C'est un mouchard, dit Enjolras.

55 Et se tournant vers Javert :

– Vous serez fusillé dix minutes avant que la barricade soit prise.

Puis il appela Gavroche. [...]

– Toi ! va à ton affaire ! Fais ce que je t'ai dit.

– J'y vas, cria Gavroche.

60 Et s'arrêtant au moment de partir :

– À propos, vous me donnerez son fusil ! Et il ajouta : Je vous laisse le musicien, mais je veux la clarinette.

Le gamin fit le salut militaire et franchit gaîment la coupure de la grande barricade.

65 [...]

Vocabulaire
1. *Corniche* : parapet.

Livre treizième
Marius entre dans l'ombre

Marius parvient jusqu'à la barricade et se cache dans la rue Mondétour.

Livre quatorzième
Les grandeurs du désespoir

I Le drapeau – premier acte

[...] Une course précipitée troubla la rue déserte, on vit un être plus agile qu'un clown grimper par-dessus l'omnibus, et Gavroche bondit dans la barricade tout essoufflé, en disant :

– Mon fusil ! Les voici.

5 Un frisson électrique parcourut toute la barricade, et l'on entendit le mouvement des mains cherchant les fusils.

[...] Chacun avait pris son poste de combat.

Quarante-trois insurgés, parmi lesquels Enjolras, Combeferre, Courfeyrac, Bossuet, Joly, Bahorel et Gavroche, étaient agenouillés
10 dans la grande barricade, les têtes à fleur de la crête du barrage, les canons des fusils et des carabines braqués sur les pavés comme à des meurtrières, attentifs, muets, prêts à faire feu. Six, commandés par Feuilly, s'étaient installés, le fusil en joue, aux fenêtres des deux étages du Corinthe.

15 Quelques instants s'écoulèrent encore, puis un bruit de pas, mesuré, pesant, nombreux, se fit entendre distinctement du côté de Saint-Leu. Ce bruit, d'abord faible, puis précis, puis lourd et sonore, s'approchait lentement, sans halte, sans interruption, avec une continuité tranquille et terrible. [...] Tout à coup, du fond
20 de cette ombre, une voix, d'autant plus sinistre qu'on ne voyait personne, et qu'il semblait que c'était l'obscurité elle-même qui parlait, cria :

– Qui vive ?

En même temps on entendit le cliquetis des fusils qui s'abattent[1].

25 Enjolras répondit d'un accent vibrant et altier[2] :

– Révolution française.

– Feu ! dit la voix.

[...] Une effroyable détonation éclata sur la barricade. Le drapeau rouge tomba. La décharge avait été si violente et si dense

30 qu'elle en avait coupé la hampe[3] ; c'est-à-dire la pointe même du timon[4] de l'omnibus. Des balles, qui avaient ricoché sur les corniches des maisons, pénétrèrent dans la barricade et blessèrent plusieurs hommes.

L'impression de cette première décharge fut glaçante. L'attaque

35 était rude et de nature à faire songer les plus hardis. Il était évident qu'on avait au moins affaire à un régiment tout entier.

– Camarades, cria Courfeyrac, ne perdons pas la poudre. Attendons pour riposter qu'ils soient engagés dans la rue.

[...]

III Gavroche aurait mieux fait d'accepter la carabine d'Enjolras

La barricade manque d'être prise. Bahorel meurt. Gavroche et Courfeyrac sont en joue, quand le garde qui les menace tombe sous un coup de pistolet : Marius vient de prendre part au combat.

IV et V

Pour sauver la barricade, le jeune homme, héroïque et désespéré, l'escalade, un baril de poudre à la main, menaçant de tout faire exploser, au péril de sa vie. La manœuvre réussit : la garde se replie.

Vocabulaire

1. *S'abattent* : se positionnent pour tirer.
2. *Altier* : fier.

3. *La hampe* : le manche.
4. *Timon* : longue pièce de bois sur laquelle on attèle chevaux.

Les Misérables

VI L'agonie de la mort après l'agonie de la vie

[...] Comme Marius [...] se retirait, il entendit son nom prononcé faiblement dans l'obscurité :

– Monsieur Marius ! [...]

Il regarda autour de lui et ne vit personne. [...]

5 – À vos pieds, dit la voix.

Il se courba et vit dans l'ombre une forme qui se traînait vers lui. Cela rampait sur le pavé. C'était cela qui lui parlait.

Le lampion permettait de distinguer une blouse, un pantalon de gros velours déchiré, des pieds nus, et quelque chose qui ressemblait 10 à une mare de sang. Marius entrevit une tête pâle qui se dressait vers lui et qui lui dit :

– Vous ne me reconnaissez pas ?

– Non.

– Éponine.

15 Marius se baissa vivement. C'était en effet cette malheureuse enfant. Elle était habillée en homme.

– Comment êtes-vous ici ? que faites-vous là ?

– Je meurs, lui dit-elle. [...]

Elle leva sa main vers le regard de Marius, et Marius au milieu de 20 cette main vit un trou noir.

– Qu'avez-vous donc à la main ? dit-il.

– Elle est percée.

– Percée !

– Oui.

25 – De quoi ?

– D'une balle.

– Comment ?

– Avez-vous vu un fusil qui vous couchait en joue[1] ?

Vocabulaire
1. *Vous couchait en joue* : vous prenait pour cible.

– Oui, et une main qui l'a bouché.
30   – C'était la mienne. [...]
Elle murmura :
– La balle a traversé la main, mais elle est sortie par le dos. C'est inutile de m'ôter d'ici. Je vais vous dire comment vous pouvez me panser[1], mieux qu'un chirurgien. Asseyez-vous près de moi sur cette
35 pierre. [...]
Elle demeura un moment en silence, puis elle tourna son visage avec effort et regarda Marius.
– Savez-vous cela, monsieur Marius ? Cela me taquinait[2] que vous entriez dans ce jardin, c'était bête, puisque c'était moi qui vous avais
40 montré la maison, et puis enfin je devais bien me dire qu'un jeune homme comme vous...
Elle s'interrompit et, franchissant les sombres transitions qui étaient sans doute dans son esprit, elle reprit avec un déchirant sourire :
45   – Vous me trouviez laide, n'est-ce pas ?
Elle continua :
– Voyez-vous, vous êtes perdu ! Maintenant personne ne sortira de la barricade. [...]
Marius considérait cette créature infortunée avec une profonde
50 compassion[3]. [...]
– Oh ! reprit-elle tout à coup, cela revient. J'étouffe ! [...]
Elle ajouta avec une expression étrange :
– Écoutez, je ne veux pas vous faire une farce. J'ai dans ma poche une lettre pour vous. Depuis hier. On m'avait dit de la mettre à la
55 poste. Je l'ai gardée. Je ne voulais pas qu'elle vous parvînt. Mais vous m'en voudriez peut-être quand nous allons nous revoir tout à l'heure. On se revoit, n'est-ce pas ? Prenez votre lettre. [...]

Vocabulaire
1. *Panser* : soigner.
2. *Taquinait* : contrariait.
3. *Compassion* : en comprenant ses souffrances, en ayant pitié.

Marius prit la lettre. [...]

– Maintenant, pour ma peine, promettez-moi...

60 Et elle s'arrêta.

– Quoi ? demanda Marius. [...]

– Promettez-moi de me donner un baiser sur le front quand je serai morte. – Je le sentirai.

Elle laissa retomber sa tête sur les genoux de Marius et ses pau-
65 pières se fermèrent. Il crut cette pauvre âme partie. Éponine restait immobile ; tout à coup, à l'instant où Marius la croyait à jamais endormie, elle ouvrit lentement ses yeux où apparaissait la sombre profondeur de la mort, et lui dit avec un accent dont la douceur semblait déjà venir d'un autre monde :

70 – Et puis, tenez, monsieur Marius, je crois que j'étais un peu amoureuse de vous.

Elle essaya encore de sourire et expira.

VII Gavroche profond calculateur des distances

Le billet porté par Éponine vient de Cosette. Elle informe Marius de son déménagement rue de l'Homme-Armé, avant son départ en Angleterre prévu une semaine plus tard.

Marius couvrit de baisers la lettre de Cosette. Elle l'aimait donc ! Il eut un instant l'idée qu'il ne devait plus mourir. Puis il se dit : Elle part. Son père l'emmène en Angleterre et mon grand-père se refuse au mariage. Rien n'est changé dans la fatalité. Les rêveurs comme Marius
5 ont de ces accablements suprêmes[1], et il en sort des partis pris désespérés. La fatigue de vivre est insupportable ; la mort, c'est plus tôt fait.

Alors il songea qu'il lui restait deux devoirs à accomplir : informer Cosette de sa mort et lui envoyer un suprême[2] adieu, et sauver de

---

Vocabulaire
1. *Accablements suprêmes* : tristesses supérieures.

2. *Suprême* : ici, ultime, dernier.

la catastrophe imminente[1] qui se préparait ce pauvre enfant, frère
10 d'Éponine et fils de Thénardier.

Il avait sur lui un portefeuille ; le même qui avait contenu le
cahier où il avait écrit tant de pensées d'amour pour Cosette. Il en
arracha une feuille et écrivit au crayon ces quelques lignes :

« Notre mariage était impossible. J'ai demandé à mon grand-père,
15 il a refusé ; je suis sans fortune, et toi aussi. J'ai couru chez toi, je ne
t'ai plus trouvée, tu sais la parole que je t'avais donnée, je la tiens.
Je meurs. Je t'aime. Quand tu liras ceci, mon âme sera près de toi,
et te sourira. »

N'ayant rien pour cacheter cette lettre, il se borna à plier le papier
20 en quatre et y mit cette adresse :

*À Mademoiselle Cosette Fauchelevent, chez M. Fauchelevent, rue de
l'Homme-Armé, n° 7.*

La lettre pliée, il demeura un moment pensif, reprit son portefeuille, l'ouvrit et écrivit avec le même crayon sur la première page
25 ces quatre lignes :

« Je m'appelle Marius Pontmercy. Porter mon cadavre chez mon
grand-père, M. Gillenormand, rue des Filles-du-Calvaire, n° 6, au
Marais. »

Il remit le portefeuille dans la poche de son habit, puis il appela
30 Gavroche. [...]

Le gamin porte la lettre.

Vocabulaire
1. *Imminente* : sur le point de se produire.

Les Misérables

Livre quinzième
La rue de l'Homme-Armé

Jean Valjean a découvert le buvard du billet écrit par Cosette, qu'Éponine a transmis à Marius sur la barricade. Il intercepte également le mot que le jeune homme fait porter par Gavroche. Armé et vêtu de son habit de garde national, il part pour la barricade.

Cinquième partie

Jean Valjean

Livre premier
La guerre entre quatre murs

I à XIV

Au petit matin, la barricade des amis de l'ABC est en état de siège : les insurgés sont reclus et affamés. Au premier coup de canon, Gavroche apparaît. Jean Valjean aide les insurgés sans pour autant prendre part au combat. La situation s'aggrave cependant, car les jeunes gens manquent rapidement de munitions.

XV Gavroche dehors

Courfeyrac tout à coup aperçut quelqu'un au bas de la barricade, dehors dans la rue, sous les balles.

Gavroche avait pris un panier à bouteilles dans le cabaret, était sorti par la coupure, et était paisiblement occupé à vider dans son
5 panier les gibernes[1] pleines de cartouches des gardes nationaux tués sur le talus de la redoute[2].

– Qu'est-ce que tu fais là ? dit Courfeyrac.

Gavroche leva le nez.

– Citoyen, j'emplis mon panier.

10 – Tu ne vois donc pas la mitraille[3] ?

Vocabulaire
1. *Gibernes* : boîtes à cartouches por-   **2.** *Redoute* : fortification.
tées à la ceinture par les soldats.   **3.** *La mitraille* : les tirs ennemis.

Gavroche répondit :
– Eh bien, il pleut. Après ?
Courfeyrac cria :
– Rentre !
15 – Tout à l'heure, fit Gavroche.
Et, d'un bond, il s'enfonça dans la rue. [...]
Une vingtaine de morts gisaient çà et là dans toute la longueur
de la rue sur le pavé. Une vingtaine de gibernes pour Gavroche, une
provision de cartouches pour la barricade.
20 La fumée était dans la rue comme un brouillard. Quiconque a vu
un nuage tombé dans une gorge de montagnes, entre deux escarpe-
ments à pic, peut se figurer cette fumée resserrée et comme épaissie
par deux sombres lignes de hautes maisons. Elle montait lentement
et se renouvelait sans cesse ; de là un obscurcissement graduel qui
25 blêmissait même le plein jour. C'est à peine si d'un bout à l'autre de
la rue, pourtant fort courte, les combattants s'apercevaient.
Cet obscurcissement, probablement voulu et calculé par les chefs
qui devaient diriger l'assaut de la barricade, fut utile à Gavroche.
Sous les plis de ce voile de fumée, et grâce à sa petitesse, il put
30 s'avancer assez loin dans la rue sans être vu. Il dévalisa les sept ou
huit premières gibernes sans grand danger.
Il rampait à plat ventre, galopait à quatre pattes, prenait son panier
aux dents, se tordait, glissait, ondulait, serpentait d'un mort à l'autre,
et vidait la giberne ou la cartouchière comme un singe ouvre une noix.
35 De la barricade, dont il était encore assez près, on n'osait lui crier
de revenir, de peur d'appeler l'attention sur lui.
Sur un cadavre, qui était un caporal, il trouva une poire à poudre.
– Pour la soif, dit-il, en la mettant dans sa poche.
À force d'aller en avant, il parvint au point où le brouillard de la
40 fusillade devenait transparent.

Si bien que les tirailleurs *skirmishers* de la ligne rangés et à l'affût derrière leur levée[1] de pavés, et les tirailleurs de la banlieue massés à l'angle de la rue, se montrèrent soudainement quelque chose qui remuait dans la fumée.

45 Au moment où Gavroche débarrassait de ses cartouches un sergent gisant près d'une borne, une balle frappa le cadavre.

– Fichtre ! fit Gavroche. Voilà qu'on me tue mes morts.

Une deuxième balle fit étinceler le pavé à côté de lui. Une troisième renversa son panier.

50 Gavroche regarda, et vit que cela venait de la banlieue.

Il se dressa tout droit, debout, les cheveux au vent, les mains sur les hanches, l'œil fixé sur les gardes nationaux qui tiraient, et il chanta :

On est laid à Nanterre[2],
55 C'est la faute à Voltaire[3] ;
Et bête à Palaiseau[4],
C'est la faute à Rousseau[5].

Puis il ramassa son panier, y remit, sans en perdre une seule, les cartouches qui en étaient tombées, et, avançant vers la fusillade, 60 alla dépouiller une autre giberne. Là une quatrième balle le manqua encore. Gavroche chanta :

Je ne suis pas notaire,
C'est la faute à Voltaire ;
Je suis petit oiseau,
65 C'est la faute à Rousseau.

Une cinquième balle ne réussit qu'à tirer de lui un troisième couplet :

Vocabulaire et noms propres
1. *Levée* : protection.
2. *Nanterre* : banlieue ouest de Paris.
3. *Voltaire* : philosophe du XVIIIᵉ siècle qui soutenait en son temps la bourgeoisie et la monarchie libérales.
4. *Palaiseau* : banlieue sud-ouest de Paris.
5. *Rousseau* : Philosophe du XVIIIᵉ siècle qui partageait politiquement la vision de Voltaire.

Joie est mon caractère,

C'est la faute à Voltaire ;

70 Misère est mon trousseau[1],

C'est la faute à Rousseau.

Cela continua ainsi quelque temps.

Le spectacle était épouvantable et charmant. Gavroche, fusillé, taquinait la fusillade. Il avait l'air de s'amuser beaucoup. C'était le

75 moineau becquetant les chasseurs. Il répondait à chaque décharge par un couplet. On le visait sans cesse, on le manquait toujours. Les gardes nationaux et les soldats riaient en l'ajustant. Il se couchait, puis se redressait, s'effaçait dans un coin de porte, puis bondissait, disparaissait, reparaissait, se sauvait, revenait, ripostait à la mitraille

80 par des pieds de nez[2], et cependant pillait les cartouches, vidait les gibernes et remplissait son panier. Les insurgés, haletants d'anxiété, le suivaient des yeux. La barricade tremblait ; lui, il chantait. Ce n'était pas un enfant, ce n'était pas un homme ; c'était un étrange gamin fée. On eût dit le nain invulnérable de la mêlée. Les balles

85 couraient après lui, il était plus leste[3] qu'elles. Il jouait on ne sait quel effrayant jeu de cache-cache avec la mort ; chaque fois que la face camarde du spectre s'approchait, le gamin lui donnait une pichenette[4].

Une balle pourtant, mieux ajustée ou plus traître que les autres,

90 finit par atteindre l'enfant feu follet. On vit Gavroche chanceler, puis il s'affaissa. Toute la barricade poussa un cri ; mais il y avait de l'Antée[5] dans ce pygmée[6] ; pour le gamin toucher le pavé, c'est comme pour le géant toucher la terre ; Gavroche n'était tombé que

---

Vocabulaire et noms propres

1. *Trousseau* : ici, bagage.
2. *Pieds de nez* : grimaces.
3. *Leste* : agile.
4. *Pichenette* : petit coup donné du bout des doigts.

5. *Antée* : fils de Gaia, la Terre, dans la mythologie grecque. Lutteur, ses forces se ranimaient grâce à sa mère chaque fois qu'il touchait le sol.
6. *Pygmée* : individu de très petite taille.

pour se redresser ; il resta assis sur son séant, un long filet de sang
95 rayait son visage, il éleva ses deux bras en l'air, regarda du côté d'où
était venu le coup, et se mit à chanter.

> Je suis tombé par terre, /
> C'est la faute à Voltaire,
> Le nez dans le ruisseau,
100 > C'est la faute à...

Il n'acheva point. Une seconde balle du même tireur l'arrêta
court. Cette fois il s'abattit la face contre le pavé, et ne remua plus.
Cette petite grande âme venait de s'envoler.

[...]

XVIII Le vautour devenu proie

[...] Au milieu du tumulte, Jean Valjean obtient de Courfeyrac l'auto-
risation de se charger de l'exécution de Javert.

XIX Jean Valjean se venge

Il l'emmène, pieds et poings liés, dans le retranchement de la rue
Mondétour, afin d'y être seuls.

Jean Valjean mit le pistolet sous son bras, et fixa sur Javert un
regard qui n'avait pas besoin de paroles pour dire :

– Javert, c'est moi.

Javert répondit :

5 – Prends ta revanche.

Jean Valjean tira de son gousset[1] un couteau, et l'ouvrit.

– Un surin[2] ! s'écria Javert. Tu as raison. Cela te convient mieux.

Vocabulaire
1. *Gousset* : petite poche.   **2.** *Surin* : couteau (argot).

Les Misérables

Jean Valjean coupa la martingale[1] que Javert avait au cou, puis il coupa les cordes qu'il avait aux poignets, puis, se baissant, il coupa la ficelle qu'il avait aux pieds ; et, se redressant, il lui dit :

– Vous êtes libre.

Javert n'était pas facile à étonner. Cependant, tout maître qu'il était de lui, il ne put se soustraire à une commotion. Il resta béant[2] et immobile.

Jean Valjean poursuivit :

– Je ne crois pas que je sorte d'ici. Pourtant, si, par hasard, j'en sortais, je demeure, sous le nom de Fauchelevent, rue de l'Homme-Armé, numéro sept.

Javert eut un froncement de tige qui lui entrouvrit un coin de la bouche, et il murmura entre ses dents :

– Prends garde.

– Allez, dit Jean Valjean.

Javert reprit :

– Tu as dit Fauchelevent, rue de l'Homme-Armé ?

– Numéro sept.

Javert répéta à demi-voix : – Numéro sept.

Il reboutonna sa redingote, remit de la roideur militaire entre ses deux épaules, fit demi-tour, croisa les bras en soutenant son menton dans une de ses mains, et se mit à marcher dans la direction des halles. Jean Valjean le suivait des yeux. Après quelques pas, Javert se retourna, et cria à Jean Valjean :

– Vous m'ennuyez. Tuez-moi plutôt.

Javert ne s'apercevait pas lui-même qu'il ne tutoyait plus Jean Valjean :

– Allez-vous-en, dit Jean Valjean.

Vocabulaire

1. *Martingale* : courroie.
2. *Béant* : désorienté.

Javert s'éloigna à pas lents. Un moment après, il tourna l'angle de la rue des Prêcheurs.

Quand Javert eut disparu, Jean Valjean déchargea le pistolet en l'air.

40 Puis il rentra dans la barricade et dit :

– C'est fait. […]

XX à XIII

Les troupes prennent la barricade, tuant ou blessant les insurgés qui se sont repliés, à de rares exceptions, à l'intérieur du cabaret.

[…] Marius était resté dehors. Un coup de feu venait de lui casser la clavicule ; il sentit qu'il s'évanouissait et qu'il tombait. En ce moment, les yeux déjà fermés, il eut la commotion d'une main vigoureuse qui le saisissait, et son évanouissement, dans

5 lequel il se perdit, lui laissa à peine le temps de cette pensée mêlée au suprême souvenir de Cosette : – Je suis fait prisonnier. Je serai fusillé. […]

XXIV Prisonnier

Marius était prisonnier en effet. Prisonnier de Jean Valjean.

La main qui l'avait étreint[1] par derrière au moment où il tombait, et dont, en perdant connaissance, il avait senti le saisissement, était celle de Jean Valjean. […]

5 Le tourbillon de l'attaque était en cet instant-là si violemment concentré sur Enjolras et sur la porte du cabaret que personne ne vit Jean Valjean, soutenant dans ses bras Marius évanoui, traverser le champ dépavé de la barricade et disparaître derrière l'angle de la maison de Corinthe. […]

Vocabulaire
1. *Étreint* : ici, attrapé.

Les Misérables

10 La situation était épouvantable. [...]

Jean Valjean regarda la maison en face de lui, il regarda la barricade à côté de lui, puis il regarda la terre, avec la violence de l'extrémité suprême[1], éperdu, et comme s'il eût voulu y faire un trou avec ses yeux.

À force de regarder, on ne sait quoi de vaguement saisissable dans une telle agonie se dessina et prit forme à ses pieds, comme si c'était une puissance du regard de faire éclore la chose demandée. Il aperçut à quelques pas de lui, au bas du petit barrage si impitoyablement gardé et guetté au dehors, sous un écroulement de pavés qui la cachait en partie, une grille de fer posée à plat et de niveau avec le sol. Cette grille, faite de forts barreaux transversaux, avait environ deux pieds carrés. L'encadrement de pavés qui la maintenait avait été arraché, et elle était comme descellée. À travers les barreaux on entrevoyait une ouverture obscure, quelque chose de pareil au conduit d'une cheminée ou au cylindre d'une citerne[2]. Jean Valjean s'élança. Sa vieille science des évasions lui monta au cerveau comme une clarté. Écarter les pavés, soulever la grille, charger sur ses épaules Marius inerte comme un corps mort, descendre, avec ce fardeau sur les reins, en s'aidant des coudes et des genoux, dans cette espèce de puits heureusement peu profond, laisser retomber au-dessus de sa tête la lourde trappe de fer sur laquelle les pavés ébranlés croulèrent de nouveau, prendre pied sur une surface dallée à trois mètres au-dessous du sol, cela fut exécuté comme ce qu'on fait dans le délire, avec une force de géant et une rapidité d'aigle ; cela dura quelques minutes à peine.

Jean Valjean se trouva, avec Marius toujours évanoui, dans une sorte de long corridor souterrain.

Là, paix profonde, silence absolu, nuit.

Vocabulaire

1. *De l'extrémité suprême* : ici, du dernier recours.

2. *Cylindre d'une citerne* : trou d'un puits.

L'impression qu'il avait autrefois éprouvée en tombant de la rue dans le couvent, lui revint. Seulement, ce qu'il emportait aujourd'hui, ce n'était plus Cosette, c'était Marius.

40   [...]

Livre troisième
La boue, mais l'âme

I Le cloaque et ses surprises

C'est dans l'égout de Paris que se trouvait Jean Valjean. [...]

Se diriger était malaisé[1]. [...]

Le tracé des égouts répercute[2], pour ainsi dire, le tracé des rues qui lui est superposé. Il y avait dans le Paris d'alors deux mille deux

5   cents rues. [...]

Il allait devant lui, avec anxiété, mais avec calme, ne voyant rien, ne sachant rien, plongé dans le hasard, c'est-à-dire englouti dans la providence.

Par degré, disons-le, quelque horreur le gagnait. L'ombre qui l'en-

10   veloppait entrait dans son esprit. Il marchait dans une énigme. Cet aqueduc du cloaque[3] est redoutable ; il s'entre-croise vertigineuse-ment[4]. C'est une chose lugubre d'être pris dans ce Paris de ténèbres. Jean Valjean était obligé de trouver et presque d'inventer sa route sans la voir. Dans cet inconnu, chaque pas qu'il risquait pouvait

15   être le dernier. Comment sortirait-il de là ? Trouverait-il une issue ? La trouverait-il à temps ? [...] Marius y mourrait-il d'hémorragie[5], et lui de faim ? Finiraient-ils par se perdre là tous les deux, et par faire deux squelettes dans un coin de cette nuit ? Il l'ignorait. Il se

---

Vocabulaire

1. *Malaisé* : difficile.
2. *Répercute* : reproduit.
3. *Aqueduc du cloaque* : canal souter-rain transportant les immondices.

4. *Vertigineusement* : jusqu'à donner le vertige.
5. *D'hémorragie* : en se vidant de son sang.

demandait tout cela et ne pouvait se répondre. L'intestin de Paris est
20 un précipice. Comme le prophète[1], il était dans le ventre du monstre.
[...]

IV Lui aussi porte sa croix

[...] Un peu au-delà d'un affluent qui était vraisemblablement le
branchement de la Madeleine, il fit halte. Il était très las. Un soupirail[2] assez large, probablement le regard[3] de la rue d'Anjou, donnait
une lumière presque vive. Jean Valjean, avec la douceur de mouve-
5 ments qu'aurait un frère pour son frère blessé, déposa Marius sur la
banquette[4] de l'égout. La face sanglante de Marius apparut sous la
lueur blanche du soupirail comme au fond d'une tombe. Il avait les
yeux fermés, les cheveux appliqués aux tempes comme des pinceaux
séchés dans de la couleur rouge, les mains pendantes et mortes, les
10 membres froids, du sang coagulé[5] au coin des lèvres. Un caillot de
sang s'était amassé dans le nœud de la cravate ; la chemise entrait
dans les plaies, le drap de l'habit frottait les coupures béantes de la
chair vive. Jean Valjean, écartant du bout des doigts les vêtements,
lui posa la main sur la poitrine ; le cœur battait encore. [...]
15 En dérangeant les vêtements de Marius, il avait trouvé dans les
poches deux choses, le pain qui y était oublié depuis la veille, et le
portefeuille de Marius. Il mangea le pain et ouvrit le portefeuille. Sur
la première page, il trouva les quatre lignes écrites par Marius. [...]
Jean Valjean lut, à la clarté du soupirail, ces quatre lignes, et resta
20 un moment comme absorbé en lui-même, répétant à demi-voix :
Rue des Filles-du-Calvaire, numéro six, monsieur Gillenormand.

Vocabulaire

1. *Le prophète* : Jonas, un des douze
petits prophètes de la Bible, resté prisonnier du ventre d'une baleine trois
jours et trois nuits.

2. *Un soupirail* : une lucarne.

3. *Le regard* : le trou permettant de
regarder dans l'égout.

4. *Banquette* : ici, sorte de trottoir.

5. *Coagulé* : séché.

Il replaça le portefeuille dans la poche de Marius. Il avait mangé, la force lui était revenue ; il reprit Marius sur son dos, lui appuya soigneusement la tête sur son épaule droite, et se remit à descendre
25 l'égout. [...]

V à VII

Portant Marius plus mort que vif, Jean Valjean progresse maintenant dans de dangereuses fondrières remplies de vase et d'eau. Il aperçoit la lumière d'une issue. Mais il comprend bien vite que cette issue est fermée d'une grille qu'il est impossible d'ouvrir sans la clé. L'accablement le saisit, lorsqu'une main se pose sur son épaule.

VIII Le pan de l'habit déchiré

[...] Un homme était devant lui. [...]
Jean Valjean n'eut pas un moment d'hésitation. Si imprévue que fût la rencontre, cet homme lui était connu. Cet homme était Thénardier. [...]

Thénardier ne reconnaît pas Jean Valjean, sale et dans l'ombre.

5 Thénardier continua :
– Impossible de crocheter[1] la porte. Il faut pourtant que tu t'en ailles d'ici.
– C'est vrai, dit Jean Valjean.
– Eh bien, part à deux.
10 – Que veux-tu dire ?
– Tu as tué l'homme ; c'est bien. Moi, j'ai la clef.

Vocabulaire
1. *Crocheter* : faire bouger le mécanisme de la serrure pour l'ouvrir sans la clé.

Thénardier montrait du doigt Marius. Il poursuivit :

– Je ne te connais pas, mais je veux t'aider. Tu dois être un ami.

Jean Valjean commença à comprendre. Thénardier le prenait
15 pour un assassin.

Thénardier reprit :

– Écoute, camarade. Tu n'as pas tué cet homme sans regarder
ce qu'il avait dans ses poches. Donne-moi ma moitié. Je t'ouvre la
porte. [...]
20 Jean Valjean se fouilla.

[...] Il n'avait que quelque monnaie dans le gousset de son gilet.
Cela se montait à une trentaine de francs. Il retourna sa poche, toute
trempée de fange¹, et étala sur la banquette du radier² un louis d'or,
deux pièces de cinq francs et cinq ou six gros sous.

25 Thénardier avança la lèvre inférieure avec une torsion de cou
significative.

– Tu l'as tué pour pas cher, dit-il.

Il se mit à palper, en toute familiarité, les poches de Jean Valjean
et les poches de Marius. [...] Il ne trouva du reste rien de plus que
30 les trente francs. [...]

– C'est vrai, dit-il, l'un portant l'autre, vous n'avez pas plus que ça.

Et, oubliant son mot : part à deux, il prit tout. [...]

Thénardier ouvre enfin la porte, et Jean Valjean sort, portant toujours
Marius.

IX Marius fait l'effet d'être mort à quelqu'un qui s'y connaît

Il laissa glisser Marius sur la berge. [...]

Jean Valjean ne put s'empêcher de contempler cette vaste ombre
claire qu'il avait au-dessus de lui ; pensif, il prenait dans le majestueux

---

Vocabulaire
1. *Fange* : boue.   **2.** *Radier* : ici, trottoir en béton.

silence du ciel éternel un bain d'extase[1] et de prière. Puis, vivement,
5 comme si le sentiment d'un devoir lui revenait, il se courba vers
Marius, et, puisant de l'eau dans le creux de sa main, il lui en jeta
doucement quelques gouttes sur le visage. Les paupières de Marius
ne se soulevèrent pas ; cependant sa bouche entrouverte respirait.

Jean Valjean allait plonger de nouveau sa main dans la rivière,
10 quand tout à coup il sentit je ne sais quelle gêne, comme lorsqu'on
a, sans le voir, quelqu'un derrière soi.

Nous avons déjà indiqué ailleurs cette impression, que tout le
monde connaît.

Il se retourna.

15 Comme tout à l'heure, quelqu'un en effet était derrière lui.

Un homme de haute stature, enveloppé d'une longue redingote,
les bras croisés, et portant dans son poing droit un casse-tête[2] dont
on voyait la pomme de plomb, se tenait debout à quelques pas en
arrière de Jean Valjean accroupi sur Marius.

20 C'était, l'ombre aidant, une sorte d'apparition. Un homme simple
en eût eu peur à cause du crépuscule, et un homme réfléchi à cause
du casse-tête.

Jean Valjean reconnut Javert. [...]

Jean Valjean était passé d'un écueil[3] à l'autre.

25 Ces deux rencontres coup sur coup, tomber de Thénardier en
Javert, c'était rude.

Javert ne reconnut pas Jean Valjean qui, nous l'avons dit, ne se
ressemblait plus à lui-même. Il ne décroisa pas les bras, assura son
casse-tête dans son poing par un mouvement imperceptible, et dit
30 d'une voix brève et calme :

– Qui êtes-vous ?

Vocabulaire

1. *Extase* : plaisir immense, enchantement.

2. *Casse-tête* : matraque à bout arrondi et plombé.

3. *Écueil* : danger.

– Moi.

– Qui, vous ?

35 – Jean Valjean. [...] Inspecteur Javert, [...] vous me tenez.
D'ailleurs, depuis ce matin je me considère comme votre prisonnier.
Je ne vous ai point donné mon adresse pour chercher à vous échapper. Prenez-moi. Seulement, accordez-moi une chose. [...]

– Que faites-vous là ? et qu'est-ce que c'est que cet homme ?

Il continuait de ne plus tutoyer Jean Valjean.

40 Jean Valjean répondit, et le son de sa voix parut réveiller Javert :

– C'est de lui précisément que je voulais vous parler. Disposez
de moi comme il vous plaira ; mais aidez-moi d'abord à le rapporter
chez lui. Je ne vous demande que cela. [...]

X Rentrée de l'enfant prodigue de sa vie

Javert conduit Jean Valjean et Marius inanimé chez M. Gillenormand.

XI Ébranlement dans l'absolu

*Laissant Marius aux soins du valet, Jean Valjean obtient de l'inspecteur qu'il l'amène rue de l'Homme-Armé pour y régler ses dernières
affaires, et prévenir Cosette. Mais à la surprise de l'ancien forçat, Javert
s'en va sans l'arrêter.*

XII L'aïeul

Marius, pendant ce temps, est affectueusement veillé par son grand-père, trop heureux de retrouver enfin ce petit-fils adoré.

Livre quatrième
Javert déraillé

Javert s'était éloigné à pas lents de la rue de l'Homme-Armé.

Il marchait la tête baissée, pour la première fois de sa vie, et, pour la première fois de sa vie également, les mains derrière le dos. [...]

Il s'enfonça dans les rues silencieuses.

5   Cependant, il suivait une direction.

Il coupa par le plus court vers la Seine, gagna le quai des Ormes, longea le quai, dépassa la Grève, et s'arrêta, à quelque distance du poste de la place du Châtelet, à l'angle du pont Notre-Dame. [...]

Javert appuya ses deux coudes sur le parapet, son menton dans ses 10   deux mains, et, pendant que ses ongles se crispaient machinalement dans l'épaisseur de ses favoris, il songea. [...]

Sa situation était inexprimable.

Devoir la vie à un malfaiteur, accepter cette dette et la rembourser, être, en dépit de soi-même, de plain-pied[1] avec un repris de justice, et lui 15   payer un service avec un autre service ; se laisser dire : Va-t'en, et lui dire à son tour : Sois libre ; sacrifier à des motifs personnels le devoir, cette obligation générale, et sentir dans ces motifs personnels quelque chose de général aussi, et de supérieur peut-être ; trahir la société pour rester fidèle à sa conscience ; que toutes ces absurdités se réalisassent et qu'elles 20   vinssent s'accumuler sur lui-même, c'est ce dont il était atterré[2]. [...]

Que faire maintenant ? Livrer Jean Valjean, c'était mal ; laisser Jean Valjean libre, c'était mal. Dans le premier cas, l'homme de l'autorité tombait plus bas que l'homme du bagne ; dans le second, un forçat montait plus haut que la loi et mettait le pied dessus. Dans 25   les deux cas, déshonneur pour lui Javert. [...]

Sa rêverie devenait peu à peu terrible. [...]

Mais aussi pourquoi avait-il permis à cet homme de le laisser vivre ? Il avait, dans cette barricade, le droit d'être tué. Il aurait dû user de ce droit. Appeler les autres insurgés à son secours contre Jean 30   Valjean, se faire fusiller de force, cela valait mieux. [...]

Vocabulaire
1. *De plain-pied* : sur un pied d'égalité.   **2.** *Atterré* : abattu.

Les Misérables

Il était forcé de reconnaître que la bonté existait. Ce forçat avait été bon. Et lui-même, chose inouïe, il venait d'être bon. Donc il se dépravait[1]. [...]

Toutes sortes de nouveautés énigmatiques s'entr'ouvraient devant
35 ses yeux. Il s'adressait des questions, et il se faisait des réponses, et ses réponses l'effrayaient. Il se demandait : Ce forçat, ce désespéré, que j'ai poursuivi jusqu'à le persécuter, et qui m'a eu sous son pied, et qui pouvait se venger, et qui le devait tout à la fois pour sa rancune[2] et pour sa sécurité, en me laissant la vie, en me faisant grâce, qu'a-t-il
40 fait ? Son devoir. Non. Quelque chose de plus. Et moi, en lui faisant grâce à mon tour, qu'ai-je fait ? Mon devoir. Non. Quelque chose de plus. Il y a donc quelque chose de plus que le devoir ? [...] Il avait un supérieur, M. Gisquet ; il n'avait guère songé jusqu'à ce jour à cet autre supérieur, Dieu.

45 Ce chef nouveau, Dieu, il le sentait inopinément[3], et en était troublé.

Il était désorienté de cette présence inattendue ; il ne savait que faire de ce supérieur-là, lui qui n'ignorait pas que le subordonné[4] est tenu de se courber toujours, qu'il ne doit ni désobéir, ni blâmer, ni
50 discuter, et que, vis-à-vis d'un supérieur qui l'étonne trop, l'inférieur n'a d'autre ressource que sa démission.

Mais comment s'y prendre pour donner sa démission à Dieu ? [...]

L'endroit où Javert s'était accoudé était, on s'en souvient, précisé-
55 ment situé au-dessus du rapide de la Seine, à pic sur cette redoutable spirale de tourbillons qui se dénoue et se renoue comme une vis sans fin. [...]

Vocabulaire

1. *Il se dépravait* : il devenait quelqu'un de corrompu.
2. *Rancune* : envie de se venger.

3. *Inopinément* : par hasard.
4. *Le subordonné* : celui qui est hiérarchiquement inférieur.

Javert demeura quelques minutes immobile, regardant cette ouverture de ténèbres ; il considérait l'invisible avec une fixité qui
60 ressemblait à de l'attention. L'eau bruissait. Tout à coup, il ôta son chapeau et le posa sur le rebord du quai. Un moment après, une figure haute et noire, que de loin quelque passant attardé eût pu prendre pour un fantôme, apparut debout sur le parapet, se courba vers la Seine, puis se redressa, et tomba droite dans les ténèbres ; il
65 y eut un clapotement sourd, et l'ombre seule fut dans le secret des convulsions[1] de cette forme obscure disparue sous l'eau.

Livre cinquième
Le petit-fils et le grand-père

I à III

Jean Valjean déterre les richesses qu'il avait enfouies dans la forêt à la mort de Fantine. Chez M. Gillenormand, Marius se remet de ses blessures. Son grand-père accepte qu'il épouse Cosette.

IV Mademoiselle Gillenormand finit par ne plus trouver mauvais que M. Fauchelevent soit entré avec quelque chose sous le bras

Lors d'une entrevue des jeunes gens, en présence de Jean Valjean, M. Gillenormand s'inquiète cependant du manque d'argent des deux fiancés : il est ruiné lui-même, et pense Cosette sans dot. Mais Jean Valjean le détrompe : Euphrasie Fauchelevent a six cent mille francs, autrement dit une somme colossale, qu'il présente en billets de banque.

Vocabulaire
1. *Convulsions* : mouvements incontrôlables des muscles.

Les Misérables

Livre sixième
La nuit blanche

Le 16 février 1833, Cosette et Marius se marient. Ils vivent maintenant chez M. Gillenormand. Malgré l'insistance de Cosette, Jean Valjean n'a pas souhaité habiter avec eux. Il a d'ailleurs prétexté une blessure au pouce pour ne pas signer l'acte de mariage, et s'est éclipsé avant la fin du dîner. Le lendemain de leur mariage, il vient parler à Marius.

Livre septième
La dernière gorgée du calice

I Le septième cercle et le huitième ciel

[...] Le matin du 17 février, il était un peu plus de midi quand Basque[1], la serviette et le plumeau sous le bras, occupé « à faire son antichambre[2] », entendit un léger frappement à la porte. On n'avait point sonné, ce qui est discret un pareil jour. Basque ouvrit et vit
5 M. Fauchelevent. Il l'introduisit dans le salon, encore encombré et sens dessus dessous, et qui avait l'air du champ de bataille des joies de la veille.

– Dame, monsieur, observa Basque, nous nous sommes réveillés tard. [...]
10 Et il sortit.

Jean Valjean resta seul.

[...] Un bruit se fit à la porte, il leva les yeux.

Marius entra, la tête haute, la bouche riante, on ne sait quelle lumière sur le visage, le front épanoui, l'œil triomphant. Lui aussi
15 n'avait pas dormi. [...]

Vocabulaire et nom propre
1. *Basque* : valet de M. Gillenormand.   **2.** *Faire son antichambre* : faire le ménage dans l'entrée.

– Que je suis content de vous voir ! Si vous saviez comme vous nous avez manqué hier ! Bonjour, père. Comment va votre main ? Mieux, n'est-ce pas ? [...]

– Monsieur, dit Jean Valjean, j'ai une chose à vous dire. Je suis
20 un ancien forçat.

La limite des sons aigus perceptibles peut être tout aussi bien dépassée pour l'esprit que pour l'oreille. Ces mots : Je suis un ancien forçat, sortant de la bouche de M. Fauchelevent et entrant dans l'oreille de Marius, allaient au-delà du possible. Marius n'entendit
25 pas. Il lui sembla que quelque chose venait de lui être dit ; mais il ne sut quoi. Il resta béant.

Il s'aperçut alors que l'homme qui lui parlait était effrayant. Tout à son éblouissement, il n'avait pas jusqu'à ce moment remarqué cette pâleur terrible.

30 Jean Valjean dénoua la cravate[1] noire qui lui soutenait le bras droit, défit le linge roulé autour de sa main, mit son pouce à nu et le montra à Marius.

– Je n'ai rien à la main, dit-il.

Marius regarda le pouce.

35 – Je n'y ai jamais rien eu, reprit Jean Valjean.

Il n'y avait en effet aucune trace de blessure.

Jean Valjean poursuivit :

– Il convenait que je fusse absent de votre mariage. Je me suis fait absent le plus que j'ai pu. J'ai supposé cette blessure pour ne point
40 faire un faux, pour ne pas introduire de nullité[2] dans les actes du mariage, pour être dispensé de signer.

Marius bégaya :

– Qu'est-ce que cela veut dire ? [...]

Vocabulaire
1. *Cravate* : écharpe.
2. *Nullité* : Jean Valjean n'a pas d'existence légale, puisqu'il s'est fait passer pour mort. Il ne peut donc pas se porter garant d'un acte administratif.

Les Misérables

– Monsieur Pontmercy, dit Jean Valjean, j'ai été dix-neuf ans aux
45 galères. Pour vol. Puis j'ai été condamné à perpétuité. Pour vol. Pour
récidive. À l'heure qu'il est, je suis en rupture de ban**¹**.

Marius avait beau reculer devant la réalité, refuser le fait, résister à l'évidence, il fallait s'y rendre. Il commença à comprendre, et
comme cela arrive toujours en pareil cas, il comprit au-delà. Il eut
50 le frisson d'un hideux éclair intérieur ; une idée, qui le fit frémir,
lui traversa l'esprit. Il entrevit dans l'avenir, pour lui-même, une
destinée difforme.

– Dites tout, dites tout ! cria-t-il. Vous êtes le père de Cosette !

Et il fit deux pas en arrière avec un mouvement d'indicible
55 horreur.

Jean Valjean redressa la tête dans une telle majesté d'attitude qu'il
sembla grandir jusqu'au plafond. [...]

– [...] Le père de Cosette, moi ! devant Dieu, non. Monsieur le
baron Pontmercy, je suis un paysan de Faverolles. Je gagnais ma vie
60 à émonder des arbres. Je ne m'appelle pas Fauchelevent, je m'appelle
Jean Valjean. Je ne suis rien à Cosette. Rassurez-vous. [...]

– Je vous crois, dit Marius.

Jean Valjean inclina la tête comme pour prendre acte, et
continua :

65 – Que suis-je pour Cosette ? un passant. Il y a dix ans, je ne
savais pas qu'elle existait. Je l'aime, c'est vrai. Une enfant qu'on
a vue petite, étant soi-même déjà vieux, on l'aime. Quand on est
vieux, on se sent grand-père pour tous les petits enfants. Vous pouvez, ce me semble, supposer que j'ai quelque chose qui ressemble
70 à un cœur. Elle était orpheline. Sans père ni mère. Elle avait besoin
de moi. Voilà pourquoi je me suis mis à l'aimer. C'est si faible
les enfants, que le premier venu, même un homme comme moi,

Vocabulaire
1. *Rupture de ban* : Jean Valjean est un fugitif, un clandestin. Ce crime est alors
puni de l'emprisonnement à vie ou de la peine de mort.

peut être leur protecteur. J'ai fait ce devoir-là vis-à-vis de Cosette.
Je ne crois pas qu'on puisse vraiment appeler si peu de chose une
75 bonne action ; mais si c'est une bonne action, eh bien, mettez que
je l'ai faite. Enregistrez cette circonstance atténuante. Aujourd'hui
Cosette quitte ma vie ; nos deux chemins se séparent. Désormais je
ne puis plus rien pour elle. Elle est madame Pontmercy. Sa providence a changé. Et Cosette gagne au change. Tout est bien. Quant
80 aux six cent mille francs, vous ne m'en parlez pas, mais je vais
au-devant de votre pensée, c'est un dépôt. Comment ce dépôt[1]
était-il entre mes mains ? Qu'importe ? Je rends le dépôt. On n'a
rien de plus à me demander. Je complète la restitution en disant
mon vrai nom. Ceci encore me regarde. Je tiens, moi, à ce que vous
85 sachiez qui je suis.

Et Jean Valjean regarda Marius en face.

Tout ce qu'éprouvait Marius était tumultueux[2] et incohérent[3]. [...]

– Mais enfin, s'écria-t-il, pourquoi me dites-vous tout cela ?
Qu'est-ce qui vous y force ? Vous pouviez vous garder le secret
90 à vous-même. Vous n'êtes ni dénoncé, ni poursuivi, ni traqué ? Vous
avez une raison pour faire, de gaîté de cœur, une telle révélation.
Achevez. Il y a autre chose. À quel propos faites-vous cet aveu ? Pour
quel motif ?

– Pour quel motif ? répondit Jean Valjean d'une voix si basse et
95 si sourde qu'on eût dit que c'était à lui-même qu'il parlait plus qu'à
Marius. Pour quel motif, en effet, ce forçat vient-il dire : Je suis un
forçat ? Eh bien oui ! le motif est étrange. C'est par honnêteté. [...]
Eh bien oui, mais vous avez raison, je suis un imbécile, pourquoi
ne pas rester tout simplement ? Vous m'offrez une chambre dans
100 la maison, madame Pontmercy m'aime bien, elle dit à ce fauteuil :
tends-lui les bras, votre grand-père ne demande pas mieux que de

---

Vocabulaire
1. *Dépôt* : emprunt.
2. *Tumultueux* : plein de désordre.
3. *Incohérent* : sans logique.

m'avoir, je lui vas, nous habiterons tous ensemble, repas en commun, je donnerai le bras à Cosette... – à madame Pontmercy, pardon,
c'est l'habitude –, nous n'aurons qu'un toit, qu'une table, qu'un feu,
105 le même coin de cheminée l'hiver, la même promenade l'été, c'est
la joie cela, c'est le bonheur cela, c'est tout, cela. Nous vivrons en
famille. En famille !

À ce mot, Jean Valjean devint farouche. Il croisa les bras, considéra le plancher à ses pieds comme s'il voulait y creuser un abîme,
110 et sa voix fut tout à coup éclatante :

– En famille ! non. Je ne suis d'aucune famille, moi. Je ne suis
pas de la vôtre. Je ne suis pas de celle des hommes. Les maisons
où l'on est entre soi, j'y suis de trop. Il y a des familles, mais ce
n'est pas pour moi. Je suis le malheureux ; je suis dehors. Ai-je eu
115 un père et une mère ? j'en doute presque. Le jour où j'ai marié
cette enfant, cela a été fini, je l'ai vue heureuse, et qu'elle était
avec l'homme qu'elle aime, et qu'il y avait là un bon vieillard, un
ménage de deux anges, toutes les joies dans cette maison, et que
c'était bien, et je me suis dit : Toi, n'entre pas. Je pouvais mentir,
120 c'est vrai, vous tromper tous, rester monsieur Fauchelevent. Tant
que cela a été pour elle, j'ai pu mentir ; mais maintenant ce serait
pour moi, je ne le dois pas. Il suffisait de me taire, c'est vrai, et
tout continuait. Vous me demandez ce qui me force à parler ?
une drôle de chose, ma conscience. [...] Se taire n'est rien ? garder
125 le silence est simple ? Non, ce n'est pas simple. Il y a un silence
qui ment. Et mon mensonge, et ma fraude, et mon indignité, et
ma lâcheté, et ma trahison, et mon crime, je l'aurais bu goutte
à goutte, je l'aurais recraché, puis rebu, j'aurais fini à minuit et
recommencé à midi, et mon bonjour aurait menti, et mon bon-
130 soir aurait menti, et j'aurais dormi là-dessus, et j'aurais mangé
cela avec mon pain, et j'aurais regardé Cosette en face, et j'aurais
répondu au sourire de l'ange par le sourire du damné, et j'aurais

été un fourbe[1] abominable ! Pourquoi faire ? pour être heureux.
Pour être heureux, moi ! Est-ce que j'ai le droit d'être heureux ?
135 Je suis hors de la vie, monsieur.

Jean Valjean s'arrêta. [...]

Après avoir obtenu du jeune homme qu'il ne dise rien de leur conver-
sation à Cosette, et qu'il l'autorise à la voir chaque soir, Jean Valjean
se retire.

[...]

Livre huitième
La décroissance crépusculaire

Pourtant, Jean Valjean espace rapidement les visites qu'il fait à Cosette,
et finit par ne plus la voir du tout. En effet, même s'il la rencontre seule,
il sent le dégoût qu'il inspire maintenant à son mari.

Livre neuvième
Suprême ombre, suprême aurore
I et II

Jean Valjean, seul et vieillissant, ne sort plus de sa chambre, et rechigne
à quitter son lit.

III Une plume pèse à qui soulevait la charrette Fauchelevent

Un soir Jean Valjean eut de la peine à se soulever sur le coude ; il
se prit la main et ne trouva pas son pouls ; sa respiration était courte
et s'arrêtait par instants ; il reconnut qu'il était plus faible qu'il ne
l'avait encore été. [...] Il avait quatre-vingts ans ; avant le mariage de

---

Vocabulaire
1. *Fourbe* : menteur qui sert uniquement ses propres intérêts.

Les Misérables

5 Marius, on lui eût à peine donné cinquante ans ; cette année avait compté trente. [...]

La nuit était venue. Il traîna laborieusement[1] une table et le vieux fauteuil près de la cheminée, et posa sur la table une plume, de l'encre et du papier.

10 [...] Il écrivit lentement quelques lignes que voici :

« Cosette, je te bénis. Je vais t'expliquer. Ton mari a eu raison de me faire comprendre que je devais m'en aller ; cependant il y a un peu d'erreur dans ce qu'il a cru, mais il a eu raison. Il est excellent. Aime-le toujours bien quand je serai mort. Monsieur Pontmercy, 15 aimez toujours mon enfant bien-aimé. Cosette, on trouvera ce papier-ci, voici ce que je veux te dire, tu vas voir les chiffres, si j'ai la force de me les rappeler, écoute bien, cet argent est bien à toi. Voici toute la chose : Le jais blanc vient de Norvège, le jais noir vient d'Angleterre, la verroterie noire vient d'Allemagne. Le jais 20 est plus léger, plus précieux, plus cher. On peut faire en France des imitations comme en Allemagne. Il faut une petite enclume de deux pouces carrés et une lampe à esprit de vin[2] pour amollir la cire. La cire autrefois se faisait avec de la résine et du noir de fumée et coûtait quatre francs la livre. J'ai imaginé de la faire avec de la 25 gomme laque et de la térébenthine[3]. Elle ne coûte plus que trente sous, et elle est bien meilleure. Les boucles se font avec un verre violet qu'on colle au moyen de cette cire sur une petite membrure[4] en fer noir. Le verre doit être violet pour les bijoux de fer et noir pour les bijoux d'or. L'Espagne en achète beaucoup. C'est le pays 30 du jais... »

Ici il s'interrompit, la plume tomba de ses doigts, il lui vint un de ces sanglots désespérés qui montaient par moments des profondeurs

---

Vocabulaire

1. *Laborieusement* : avec difficulté.
2. *Lampe à esprit de vin* : petit réchaud à l'éthanol utilisé en chimie.

3. *Térébenthine* : résine de conifère.
4. *Membrure* : pièce.

de son être, le pauvre homme prit sa tête dans ses deux mains, et songea. [...]

35 En ce moment on frappa à sa porte.

IV Bouteille d'encre qui ne réussit qu'à blanchir

Plus tôt dans la même journée, Marius reçoit la visite de Thénardier, qui désire échanger la révélation d'un secret contre de l'argent. Marius le prend de court, l'informant qu'il connaît l'histoire de Jean Valjean. Il sait que le bagnard a tué M. Madeleine et l'inspecteur Javert. La surprise saisit alors Thénardier, qui se voit contraint malgré lui de rétablir la vérité. Il explique au jeune homme, coupures de presse à l'appui, que M. Madeleine et Jean Valjean ne sont qu'une seule et même personne, et que Javert n'a pas été assassiné, mais s'est suicidé. Marius est stupéfait.

Marius ne put retenir un cri de joie :

– Eh bien alors, ce malheureux est un admirable homme ! toute cette fortune était vraiment à lui ! c'est Madeleine, la providence de tout un pays ! c'est Jean Valjean, le sauveur de Javert ! c'est un
5 héros ! c'est un saint !

– Ce n'est pas un saint, et ce n'est pas un héros, dit Thénardier. C'est un assassin et un voleur.

– Je pourrais vous interrompre ici, observa Marius, mais continuez. [...]

10 – Monsieur le baron, le 6 juin 1832, il y a un an environ, le jour de l'émeute, un homme était dans le Grand Égout de Paris, du côté où l'égout vient rejoindre la Seine, entre le pont des Invalides et le pont d'Iéna. [...] Cet homme, forcé de se cacher, pour des raisons du reste étrangères à la politique[1], avait pris l'égout pour domicile et
15 en avait une clef. [...] Chose étrange, il y avait dans l'égout un autre

---

Vocabulaire
1. *Étrangères à la politique* : qui n'avaient rien à voir avec les barricades.

homme que lui. La grille de sortie de l'égout n'était pas loin. Un peu de lumière qui en venait lui permit de reconnaître le nouveau venu et de voir que cet homme portait quelque chose sur son dos. Il marchait courbé. L'homme qui marchait courbé était un ancien
20 forçat, et ce qu'il traînait sur ses épaules était un cadavre. Flagrant délit d'assassinat, s'il en fut. Quant au vol, il va de soi ; on ne tue pas un homme gratis. [...]

Il poursuivit :

– Monsieur le baron, un égout n'est pas le Champ de Mars. On
25 y manque de tout, et même de place. Quand deux hommes sont là, il faut qu'ils se rencontrent. C'est ce qui arriva. Le domicilié[1] et le passant furent forcés de se dire bonjour, à regret l'un et l'autre. Le passant dit au domicilié : – Tu vois ce que j'ai sur le dos, il faut que je sorte, tu as la clef, donne-la-moi. Ce forçat était un homme d'une
30 force terrible. Il n'y avait pas à refuser. Pourtant celui qui avait la clef parlementa[2], uniquement pour gagner du temps. Il examina ce mort, mais il ne put rien voir, sinon qu'il était jeune, bien mis, l'air d'un riche, et tout défiguré par le sang. Tout en causant, il trouva moyen de déchirer et d'arracher par derrière, sans que l'assassin s'en aperçût,
35 un morceau de l'habit de l'homme assassiné. Pièce à conviction, vous comprenez ; moyen de ressaisir la trace des choses et de prouver le crime au criminel. Il mit la pièce à conviction dans sa poche. Après quoi il ouvrit la grille, fit sortir l'homme avec son embarras sur le dos, referma la grille et se sauva, se souciant peu d'être mêlé au surplus[3] de
40 l'aventure et surtout ne voulant pas être là quand l'assassin jetterait l'assassiné à la rivière. Vous comprenez à présent. Celui qui portait le cadavre, c'est Jean Valjean ; celui qui avait la clef vous parle en ce moment ; et le morceau de l'habit...

Vocabulaire
1. *Le domicilié* : l'habitant de l'égout.   **3.** *Au surplus* : au reste.
2. *Parlementa* : négocia.

Thénardier acheva la phrase en tirant de sa poche et en tenant,
45 à la hauteur de ses yeux, pincé entre ses deux pouces et ses deux index,
un lambeau de drap noir déchiqueté, tout couvert de taches sombres.

Marius s'était levé, pâle, respirant à peine, l'œil fixé sur le morceau
de drap noir, et, sans prononcer une parole, sans quitter ce haillon du
regard, il reculait vers le mur et, de sa main droite étendue derrière lui,
50 cherchait en tâtonnant sur la muraille une clef qui était à la serrure
d'un placard près de la cheminée. Il trouva cette clef, ouvrit le placard,
et y enfonça son bras sans y regarder, et sans que sa prunelle effarée
se détachât du chiffon que Thénardier tenait déployé.

Cependant Thénardier continuait :

55 – Monsieur le baron, j'ai les plus fortes raisons de croire que le
jeune homme assassiné était un opulent[1] étranger attiré par Jean
Valjean dans un piège et porteur d'une somme énorme.

– Le jeune homme c'était moi, et voici l'habit ! cria Marius, et il
jeta sur le parquet un vieil habit noir tout sanglant.

60 Puis, arrachant le morceau des mains de Thénardier, il s'accroupit
sur l'habit, et rapprocha du pan déchiqueté le morceau déchiré. La
déchirure s'adaptait exactement, et le lambeau complétait l'habit. [...]

*Marius comprend que Jean Valjean lui a sauvé la vie, et qu'il s'est
donc lourdement trompé à son égard. Il congédie brutalement Thénardier.*

Dès que Thénardier fut dehors, Marius courut au jardin où Cosette
se promenait encore.

65 – Cosette ! Cosette ! cria-t-il. Viens ! viens vite. Partons. Basque,
un fiacre ! Cosette, viens. Ah ! mon Dieu ! C'est lui qui m'avait sauvé
la vie ! Ne perdons pas une minute ! Mets ton châle.

Cosette le crut fou, et obéit. [...]

Vocabulaire
1. *Opulent* : très riche.

Les Misérables

En un instant, un fiacre fut devant la porte. Marius y fit monter
70 Cosette et s'y élança.

– Cocher, dit-il, rue de l'Homme-Armé, numéro 7. [...]

V Nuit derrière laquelle il y a le jour

Au coup qu'il entendit frapper à sa porte, Jean Valjean se retourna.

– Entrez, dit-il faiblement.

La porte s'ouvrit. Cosette et Marius parurent.

Cosette se précipita dans la chambre.

5 Marius resta sur le seuil, debout, appuyé contre le montant de
la porte. [...]

Il fit signe à Cosette d'approcher, puis à Marius ; c'était évidemment la dernière minute de la dernière heure, et il se mit à leur parler
d'une voix si faible qu'elle semblait venir de loin, et qu'on eût dit
10 qu'il y avait dès à présent une muraille entre eux et lui.

– Approche, approchez tous deux. Je vous aime bien. Oh ! c'est
bon de mourir comme cela ! Toi aussi, tu m'aimes, ma Cosette. Je
savais bien que tu avais toujours de l'amitié pour ton vieux bonhomme. [...] Il ne faut donc pas s'étonner des six cent mille francs,
15 monsieur Pontmercy. C'est de l'argent honnête. Vous pouvez être
riches tranquillement. Il faudra avoir une voiture, de temps en temps
une loge aux théâtres, de belles toilettes de bal, ma Cosette, et puis
donner de bons dîners à vos amis, être très heureux. J'écrivais tout
à l'heure à Cosette. Elle trouvera ma lettre. C'est à elle que je lègue[1]
20 les deux chandeliers qui sont sur la cheminée. Ils sont en argent ;
mais pour moi ils sont en or, ils sont en diamant ; ils changent les
chandelles qu'on y met en cierges. Je ne sais pas si celui qui me les
a donnés est content de moi là-haut. J'ai fait ce que j'ai pu. Mes
enfants, vous n'oublierez pas que je suis un pauvre, vous me ferez

---

Vocabulaire
1. *Lègue* : donne en héritage.

25 enterrer dans le premier coin de terre venu sous une pierre pour
marquer l'endroit. C'est là ma volonté. Pas de nom sur la pierre.
Si Cosette veut venir un peu quelquefois, cela me fera plaisir. Vous
aussi, monsieur Pontmercy. Il faut que je vous avoue que je ne vous
ai pas toujours aimé ; je vous en demande pardon. Maintenant, elle
30 et vous, vous n'êtes qu'un pour moi. Je vous suis très reconnaissant.
Je sens que vous rendez Cosette heureuse. Si vous saviez, monsieur
Pontmercy, ses belles joues roses, c'était ma joie ; quand je la voyais
un peu pâle, j'étais triste. Il y a dans la commode un billet de cinq
cents francs. Je n'y ai pas touché. C'est pour les pauvres. [...] Comme
35 le temps passe ! Nous avons été bien heureux. C'est fini. Mes enfants,
ne pleurez pas, je ne vais pas très loin. Je vous verrai de là. Vous
n'aurez qu'à regarder quand il fera nuit, vous me verrez sourire.
Cosette, te rappelles-tu Montfermeil ? [...] Ces Thénardier ont été
méchants. Il faut leur pardonner. Cosette, voici le moment venu de
40 te dire le nom de ta mère. Elle s'appelait Fantine. Retiens ce nom-là :
– Fantine. Mets-toi à genoux toutes les fois que tu le prononceras.
Elle a bien souffert. Elle t'a bien aimée. Elle a eu en malheur tout ce
que tu as en bonheur. Ce sont les partages de Dieu. Il est là-haut, il
nous voit tous, et il sait ce qu'il fait au milieu de ses grandes étoiles.
45 Je vais donc m'en aller, mes enfants. Aimez-vous bien toujours. Il n'y
a guère autre chose que cela dans le monde : s'aimer. Vous penserez
quelquefois au pauvre vieux qui est mort ici. Ô ma Cosette ! ce n'est
pas ma faute, va, si je ne t'ai pas vue tous ces temps-ci, cela me fen-
dait le cœur ; j'allais jusqu'au coin de ta rue, je devais faire un drôle
50 d'effet aux gens qui me voyaient passer, j'étais comme fou, une fois
je suis sorti sans chapeau. Mes enfants, voici que je ne vois plus très
clair, j'avais encore des choses à dire, mais c'est égal. Pensez un peu
à moi. Vous êtes des êtres bénis. Je ne sais pas ce que j'ai, je vois de
la lumière. Approchez encore. Je meurs heureux. Donnez-moi vos
55 chères têtes bien-aimées, que je mette mes mains dessus.

Les Misérables

Cosette et Marius tombèrent à genoux, éperdus, étouffés de larmes, *choking on tears*
chacun sur une des mains de Jean Valjean. Ces mains augustes ne
remuaient plus.

Il était renversé en arrière, la lueur des deux chandeliers l'éclai-
60 rait ; sa face blanche regardait le ciel, il laissait Cosette et Marius
couvrir ses mains de baisers ; il était mort.

La nuit était sans étoiles et profondément obscure. Sans doute,
dans l'ombre, quelque ange immense était debout, les ailes déployées,
attendant l'âme.

VI L'herbe cache et la pluie efface

Il y a, au cimetière du Père-Lachaise, aux environs de la fosse com- *pit*
mune, loin du quartier élégant de cette ville des sépulcres[1], loin de
tous ces tombeaux de fantaisie qui étalent en présence de l'éternité
les hideuses modes de la mort, dans un angle désert, le long d'un
5 vieux mur, sous un grand if[2] auquel grimpent les liserons, parmi les
chiendents[3] et les mousses, une pierre. [...]

Cette pierre est toute nue. On n'a songé en la taillant qu'au nécessaire de la tombe, et l'on n'a pris d'autre soin que de faire cette pierre
assez longue et assez étroite pour couvrir un homme.

10 On n'y lit aucun nom.

Seulement, voilà de cela bien des années déjà, une main y a écrit
au crayon ces quatre vers *lines* qui sont devenus peu à peu illisibles sous la
pluie et la poussière, et qui probablement sont aujourd'hui effacés :

> Il dort. Quoique le sort fût pour lui bien étrange,
15 > Il vivait. Il mourut quand il n'eut plus son ange,
> La chose simplement d'elle-même arriva,
> Comme la nuit se fait lorsque le jour s'en va.

Vocabulaire
1. *Sépulcres* : tombeaux.
2. *If* : grand arbre majestueux.
3. *Chiendents* : mauvaises herbes.

Jean Valjean, un héros ?

LECTURE

Lecture du texte

La conversion

1. P. 11- 12 : résumez en quelques mots l'aspect du personnage arrivant à Digne.

2. P. 11-12 : de quel point de vue le narrateur trace-t-il ce portrait ?

3. P. 12-18 : à quels endroits de Digne le voyageur s'arrête-t-il ?

4. P. 12-17 : l'entrée du vagabond dans la mairie est-elle importante pour la suite du récit ? Qu'a-t-il montré aux fonctionnaires ?

5. P. 12-18 : à qui le voyageur révèle-t-il son nom ? Pourquoi cette révélation intervient-elle si longtemps après le début du roman ?

6. P. 18-20 : qu'apprend-on dans le chapitre VI sur l'histoire du personnage ?

7. P. 19- 21 : Jean Valjean était-il mauvais avant d'entrer au bagne ? Et à sa libération ? Selon vous, quelles sont les raisons de ce changement ?

8. P. 21-22 (chapitres X et XI) : l'évêque a-t-il eu raison d'offrir l'hospitalité à l'ancien forçat ?

9. Cherchez la définition du terme « conversion ». P. 23 : par quelles phrases l'évêque pousse Jean Valjean à la conversion ? À quoi le forçat est-il converti ?

Le père protecteur

10. P. 26-27 : lisez le portrait du « père Madeleine », nom d'emprunt de Jean Valjean. En quoi peut-on dire qu'il réalise le souhait de Monseigneur Bienvenu ?

11. P. 30-32 (chapitre VI) : qu'est-ce qui montre que Jean Valjean utilise désormais ses dons pour faire le bien ?

ÉTUDE DE L'ŒUVRE

12. Quels personnages vulnérables Jean Valjean sauve-t-il encore, page 36 tout d'abord, et pages 49 à 59 ? En quoi est-ce symbolique ?

13. P. 60 à 62 : quel rôle joue Jean Valjean auprès de Cosette ?

Le don de soi

14. Dans la cinquième partie du roman, le chapitre XIX (p. 151) s'intitule « Jean Valjean se venge ». Est-ce le cas ?

15. P. 164-169 : pour quelles raisons Jean Valjean dévoile-t-il son identité de forçat à Marius dans le livre septième ?

16. Comparez le premier portrait de Jean Valjean (p. 17-18, chapitre III) et l'analyse qu'il fait de lui-même (p. 168, l. 111- 135). Le regard que porte le personnage sur lui-même a-t-il évolué ?

17. P. 176 : le roman se conclut par un poème, à la gloire de Jean Valjean. Quels personnages du récit peuvent incarner « son ange » (l. 15) ?

18. P. 174-176 : la mort de Jean Valjean est-elle, selon vous, en accord avec sa vie ?

19. Quelles qualités font de Jean Valjean un héros ? Qu'est-ce qui en fait un homme ordinaire ?

Lecture d'image

20. Qui est Auguste Rodin ? Est-ce un contemporain de Victor Hugo ?

21. Jean Valjean est-il un « penseur » ?

Le Penseur, Rodin, 1880-1902.

NOTIONS LITTÉRAIRES
Le héros

Au XIXᵉ siècle, les romanciers redessinent le **héros**. Alors qu'auparavant le héros était un homme **noble**, possédant des qualités sans partage, les romans de Victor Hugo, d'Émile Zola ou d'Alexandre Dumas le peignent en homme **ordinaire**, issu du peuple, en proie aux doutes et aux souffrances, devant lutter sans cesse pour sa survie. Mais ils lui prêtent également des qualités physiques et intellectuelles extraordinaires, comme la force, le courage, la pitié, l'honnêteté et la ténacité, qui lui offrent les moyens de triompher.

Étude de la langue

Grammaire

22. Page 11, des lignes 1 à 5, relevez les compléments circonstanciels et donnez leurs fonctions. Pour quelles raisons y en a-t-il autant ?

Lexique

23. Selon vous, Jean Valjean est-il un « misérable » ? Précisez la signification de ce mot.

24. P. 32, l. 53 : Jean Valjean a sur le visage une expression de « souffrance heureuse ». Le sens de ces deux mots peut-il coexister ? Comment se nomme cette figure de style ?

Étymologie

25. Cherchez dans le chapitre VI (pages 18 à 20) d'où vient le nom Jean Valjean. Que pensez-vous de cette façon de nommer un enfant ? Est-elle encore d'actualité ?

26. P. 171, l. 2 : quelle est l'étymologie du terme « admirable » ? Qu'entend Marius par ce terme ?

PATRIMOINE

27. P. 20, l. 53 : Jean Valjean est entré au bagne en 1796. Il avait 25 ans. Sous quel régime politique est-il né ? Est-ce le même lorsqu'il sort de prison, en 1815 ?

ÉTUDE DE L'ŒUVRE

EXPRESSION

Expression écrite

Synthèse

28. P. 169, l. 4 : un journaliste demande à Jean Valjean, âgé de « quatre-vingts ans », d'écrire son histoire pour la publier dans un quotidien. Rédigez ce texte.

Écrit d'invention

29. L'évêque de Digne rencontre Jean Valjean vivant sous l'identité de M. Madeleine, à Montreuil-sur-Mer. Imaginez le dialogue entre les deux hommes.

Expression orale

30. Jean Valjean est souvent comparé à la figure du Christ, car il en porte les symboles. Répondez oralement à ces questions :
– Quel fait important dans la vie de Jean Valjean a lieu le jour de Noël ?
– Dans quelles circonstances est-il enterré dans un cercueil, avant de ressusciter ?
– Qui porte-t-il sur ses épaules le long d'un chemin comparable au calvaire ?
– Punit-il ses ennemis, Javert et Thénardier ?

Méthode	*Comment comprendre les motivations d'un personnage*

Dans un roman, les actions d'un personnage obéissent à des **motivations logiques**. Pour en prendre la mesure, il faut :
➔ observer le **passé du personnage**. L'enfance de Jean Valjean est marquée par la pauvreté et l'illettrisme. Il est donc par conséquent charitable envers les déshérités ;
➔ s'intéresser à son **portrait physique et moral** et à l'influence des autres personnages qu'il rencontre. La destinée de Jean Valjean est fortement modifiée par Mgr Myriel ;
➔ comprendre si l'auteur a accordé à ce personnage une **mission** particulière. Pour Victor Hugo, Jean Valjean doit incarner l'espoir et montrer que l'on peut, grâce à une attitude honnête et bonne, modifier la société en bien.
➔ prendre en compte le **contexte historique et géographique** du récit.

Les petits misérables

LECTURE

Lecture du texte

Fragile Cosette

1. P. 24- 26 : de qui Cosette est-elle la fille ?

2. P. 25, l. 9 : pourquoi Fantine raconte-t-elle son histoire « un peu modifiée » aux Thénardier ?

3. Le lecteur peut-il oublier Cosette entre la page 26 et la deuxième partie, qui lui est consacrée ?

4. P. 44-47 : quel âge a Cosette lorsque le lecteur la retrouve chez les Thénardier ? A-t-elle des activités normales pour son âge ?

5. P. 47 à 50 : dans quelles circonstances Cosette fait-elle la connaissance de Jean Valjean ? Celui-ci sait-il dès leur rencontre qui elle est ?

6. P. 47- 50 : pourquoi la rencontre de Cosette avec Jean Valjean semble-t-elle marquée par le destin ?

7. P. 51-53, l. 21-58 : le portrait de Cosette est esquissé. Quelle partie de ce portrait semble être tracée par Jean Valjean ? et par le narrateur ? À quoi le voyez-vous ?

8. Dans quel ordre sont évoqués les éléments du portrait de la petite fille ? Quel élément psychologique transparaît dans ce portrait physique ?

9. P. 57-59 (chapitre IX) : de quelle manière Jean Valjean enlève-t-il Cosette aux Thénardier ? Cette méthode vous semble-t-elle acceptable aujourd'hui ?

10. Lisez les pages 60 à 71 : comment Jean Valjean réussit-il à donner une éducation à Cosette, sans se séparer d'elle ?

11. Après l'enfer des Thénardier, Cosette connaît le paradis avec Jean Valjean, puis au couvent. Quels effets ont sur elle les deux environnements ? Pensez-vous que son destin aurait été le même si elle était restée chez les Thénardier ?

ÉTUDE DE L'ŒUVRE

Gavroche gouailleur

12. P. 73 : à quoi le gamin de Paris est-il comparé ?
Pour quelles raisons ?

13. P. 75, l. 40 : comment se nomme la famille du « joyeux
va-nu-pieds » ? Où vit-elle ? Cet endroit a déjà été mentionné
dans le roman. Qui l'habitait ? Combien de temps auparavant ?

14. P. 74-75, l. 1-49 : Gavroche est-il décrit comme un mauvais
garçon ? Quels traits de caractère dominent son portrait ?

15. P. 74-75 : relevez le vocabulaire qualifiant l'attitude des
Jondrette envers leur fils. Que pensez-vous d'eux ?

16. P. 131-134 : Gavroche prend sous son aile deux petits garçons
jetés à la rue. Qui sont-ils ?

17. P.131-134 : par quels mots Gavroche désigne-t-il les enfants ?
Quelle langue parle-t-il ? Cette langue est-elle un trait important
du personnage ?

18. Montrez de quelles qualités Gavroche fait preuve :
– en établissant son logis dans l'éléphant et en recueillant
ses frères (p. 131-134) ;
– en démasquant Javert (p. 137-138) ;
– en dérobant des cartouches aux soldats morts devant
la barricade (p. 147-149).

HISTOIRE DES ARTS
Le Paris d'Haussmann

Paris s'est profondément transformé entre le moment où Victor
Hugo écrit *Les Misérables* (dans les années qui précèdent 1862) et
l'époque à laquelle il fait référence dans le roman, autrement dit de
l'année 1815 à l'année 1833. Entre ces deux dates en effet, le **baron
Haussmann, urbaniste** du second Empire, a entrepris des travaux
d'une ampleur sans précédent, établissant des règles de construction
précises pour unifier **l'architecture** (on parle maintenant d'immeubles
« haussmanniens »), élargissant les boulevards pour **fluidifier
la circulation**, agrandissant les parcs et **modernisant le système
d'égouts à des fins d'hygiène et d'esthétique**.

ÉTUDE DE L'ŒUVRE

19. P. 147-151 : Gavroche meurt. Cette fin correspond-elle à la vie du personnage ? Quelle émotion se dégage de ce récit ?

20. Gavroche représente aujourd'hui un mythe. Que symbolise-t-il, selon vous ?

Lecture d'image

21. Quelle partie du visage de Gavroche paraît disproportionnée ? Pour quelle raison ?

Étude de la langue

Grammaire

22. P. 45, l. 42-45 : onze verbes se suivent. Comment appelle-t-on cette figure de style ? Quel effet a voulu créer l'auteur ? À quel temps sont ces verbes ? Quelle valeur ce temps a-t-il ?

Gavroche à 11 ans, in Les Misérables, encre sur papier, par Victor Hugo.

Lexique

23. P. 150, l. 87 : que signifie l'expression « la face camarde du spectre » ? À propos de quelle partie du visage emploie-t-on souvent le terme « camard » ? Trouvez d'autres adjectifs qualifiant cette région du visage.

Étymologie

24. Que signifie « parvulus » (p. 73) en latin ? Pourquoi, selon vous, Victor Hugo a-t-il choisi ce titre ?

PATRIMOINE

25. En 1850, Victor Hugo affirme que son « idéal » est « l'instruction gratuite et obligatoire » pour tous. A-t-il été celui qui a mis cette réforme en place ? De quand date-t-elle ?

ÉTUDE DE L'ŒUVRE

EXPRESSION

Expression écrite

Synthèse

26. Rédigez la biographie de Gavroche, de sa naissance à sa mort.

Écrit d'invention

27. P. 66 : Cosette est en sécurité dans la maison du père Fauchelevent, après sa fuite de la maison Gorbeau. Cependant, triste d'avoir abandonnée sa poupée, elle la décrit au jardinier.

28. Vous avez rencontré un gamin des rues, comme on en croise encore parfois aujourd'hui. Racontez cet épisode, en dressant de ce Gavroche moderne un portrait en mouvement.

Expression orale

29. Exposé : Les enfants miséreux abondent dans la littérature du XIXe siècle. Choisissez une œuvre parmi les romans cités ci-après, et présentez-la à vos camarades : *Oliver Twist* de Charles Dickens, *Sans famille* d'Hector Malot, *L'Enfant* de Jules Vallès, *Les Aventures de Tom Sawyer* de Mark Twain, *Le Petit Chose* d'Alphonse Daudet.

Méthode ▶ *Comment réussir le portrait d'un personnage*

Pour réussir le **portrait physique ou moral** d'un personnage et bien l'intégrer au récit :

→ demandez-vous de quel point de vue (celui d'un autre personnage du récit, ou du narrateur omniscient, par exemple) il est réalisé ;

→ interrogez-vous sur ce qui, du portrait fixe ou en mouvement, convient le mieux ;

→ intéressez-vous ensuite à l'ordre de la description ;

→ choisissez enfin précisément les images et les termes évoquant les différentes parties du visage et du corps, mais également les attitudes, les couleurs, les matières et les tissus qui composent les vêtements.

L'âme dévoilée

LECTURE

Lecture du texte

Marius et Cosette amoureux

1. P. 88, l. 20 à p. 93, l. 46 : Marius et Cosette tombent-ils amoureux lors de leur première rencontre ?

2. P. 91-95 (chapitres 7 et 9) : de quelle manière Marius obtient-il des informations sur la jeune fille qu'il aime ? Ces informations sont-elles fiables ?

3. P. 92, l. 21-36 : relevez les mots qui montrent que le narrateur porte un jugement sur l'attitude de Marius. Ce jugement est-il positif ou négatif ?

4. P. 122-123, chapitre VI : qu'apprend-on sur les sentiments de Cosette à l'égard de Marius ? Selon vous, pourquoi le narrateur a-t-il attendu si longtemps pour nous révéler le point de vue de la jeune fille ?

5. P. 129-131 : de quelle façon Marius déclare-t-il son amour à Cosette ? Que pensez-vous de ce procédé ?

6. P. 130-131 : relevez les mots du texte décrivant l'apparence et les émotions des deux jeunes gens lorsqu'ils se parlent pour la première fois. Quel champ lexical domine ?
Selon vous, pourquoi ?

Éponine éconduite

7. P. 95-99, chapitre IV : Marius rencontre Éponine pour la première fois. Que ressent-il pour la jeune fille ? Justifiez votre réponse en relevant le vocabulaire du texte.

8. P. 98 : quels sont les sentiments d'Éponine pour Marius ?

9. P. 107 : qu'obtient Marius d'Éponine ? En est-elle heureuse ?

10. P. 142-144 : de quoi Éponine meurt-elle ? Que montre le geste qu'elle accomplit à l'égard de Marius ?

ÉTUDE DE L'ŒUVRE

11. P. 143 : que pense Éponine du sort réservé à Marius, lorsqu'elle ne sera plus là pour le protéger ? Comment l'aide-t-elle pourtant une dernière fois ?

12. Pensez-vous qu'Éponine soit un personnage négatif, comme ses parents ou les hommes du Patron-Minet ? Pourquoi ?

Lecture d'image

13. À quel mouvement pictural appartient Auguste Renoir ? Dressez une courte biographie de ce peintre.

14. Dans le tableau, l'homme et la femme sont-ils également représentés ? Selon vous, pour quelle raison ? Justifiez votre réponse.

Étude de la langue

Grammaire

15. P. 96, l. 5-12 : quels éléments syntaxiques manquent à cette phrase décrivant Éponine ? Quel effet cette ellipse produit-elle ?

*Les Amoureux. Couple assis dans un jardin,
peinture d'Auguste Renoir (1841-1919), 1875.*

16. P. 99, l. 84-85 : dans la proposition : « Je crois que c'est un monsieur », le mot « que » est-il un pronom relatif ou une conjonction de subordination ? Justifiez votre réponse.

Lexique

17. P. 103, l. 8-9 : lorsque Marius voit paraître Cosette chez les Jondrette, il reste sans voix. Trouvez trois adjectifs qui permettent de traduire l'émotion du jeune homme.

ÉTUDE DE L'ŒUVRE

18. P. 107, l. 21-22 : expliquez le changement d'humeur d'Éponine, exprimé à travers les adjectifs de la phrase : « L'œil de la Jondrette, de morne, était devenu joyeux ; de joyeux il devint sombre. »

Étymologie

19. Éponine mourant dans les bras de Marius (p. 142-144) est une scène « pathétique ». Cherchez l'étymologie de ce terme. Définissez ensuite ce qu'est le « registre pathétique ».

PATRIMOINE

20. Au CDI, lisez le poème d'Alphonse de Lamartine intitulé « Le Lac », publié en 1820 dans le recueil *Méditations poétiques*. En quoi le lac évoqué par Lamartine rappelle-t-il les jardins du Luxembourg et de la rue Plumet ?

HISTOIRE DES ARTS
Le xixe siècle, du romantisme au réalisme

Le xixe siècle est celui des bouleversements sociaux, industriels, artistiques et littéraires. Pendant les trente premières années tout d'abord, Hugo, Delacroix, Lamartine et d'autres jeunes artistes imposent le **mouvement romantique** : les arts doivent révéler l'amour, la pitié, la passion, en un mot, exprimer les **sentiments** qui forgent l'âme humaine. Mais dès le milieu du siècle, ce courant connaît ses détracteurs. Pour Balzac, Stendhal, Maupassant, Flaubert et le peintre Courbet, la **modernité** se loge précisément dans la **représentation de la réalité** elle-même, crue et vraie. Romans et peintures doivent donc être le miroir de ce qui se passe dans les rues. Ainsi, jusqu'à la fin du siècle, c'est le **réalisme** qui effraie les critiques : on dit que ces romans sont vulgaires, que l'humanité de ces tableaux est scandaleuse, on censure ces œuvres immorales. Mais le public ne s'y trompe pas : le mouvement réaliste, bientôt doublé du naturalisme d'Émile Zola, fait date.

ÉTUDE DE L'ŒUVRE

EXPRESSION

Expression écrite

Argumentation

21. En observant la destinée de Cosette et d'Éponine, pensez-vous, comme Victor Hugo l'aurait affirmé, « qu'ouvrir une école, c'est fermer une prison » ?

Écrit d'invention

22. P. 135, chapitres 1 à 5 : Marius a découvert le manège d'Éponine. Dans une lettre, il lui écrit qu'il ne l'aime pas et ne l'aimera jamais, et lui demande d'abandonner son poste derrière la grille de la rue Plumet.

23. Alors qu'elle sort de chez Jondrette et monte dans le fiacre (p. 106), Cosette aperçoit Marius. Décrivez la scène et les émotions qui agitent la jeune fille.

Synthèse

24. Avant de mourir, Éponine raconte sa vie à Marius. Elle évoque son enfance à Montfermeil, sa vie à la masure Gorbeau, et sa jalousie envers Cosette.

Expression orale

25. Racontez la rencontre de Marius et Cosette.

Méthode ▶ **Comment décrire des sentiments**

Pour décrire les sentiments et les émotions qui affectent les personnages :

➜ Choisissez un **vocabulaire** précis et adapté : un personnage « joyeux » peut être « heureux », « badin », « enchanté », ou même « comblé », selon la nuance voulue.

➜ Utilisez les **types de phrases** qui conviennent : la colère s'exprimera souvent à l'aide de phrases exclamatives.

➜ Employez des **images littéraires** : Marius dit avoir « le cœur gonflé » (p. 130, l. 17) pour évoquer l'amour qu'il ressent.

➜ N'oubliez pas enfin que sentiments et émotions modifient souvent le **physique** et le **comportement** des personnages : Cosette cache ainsi « sa tête rouge» (p. 131, l. 34) pour masquer la honte qu'elle éprouve à déclarer ses sentiments.

Un roman engagé contre l'injustice

LECTURE

Lecture du texte

La déchéance de Fantine

1. P. 24 : qui est Tholomyès ?

2. P. 24-25 : pour quel motif Fantine abandonne-t-elle Cosette aux Thénardier ? Est-ce parce qu'elle ne l'aime pas ?

3. P. 32, chapitres 7 à 9 : Fantine peut-elle travailler à Montreuil-sur-Mer comme elle l'espérait ? Pourquoi ?

4. P. 32 à 35 : pour entretenir son enfant, à quels sacrifices consent la jeune mère harcelée par les Thénardier ? Pourquoi se trouve-t-elle réduite à cette extrémité ?

5. P. 36 : pour quelle raison M. Madeleine sauve-t-il Fantine ?

6. P. 175, l. 41-42 : à l'agonie, Jean Valjean révèle à Cosette le nom de Fantine, qui a « eu en malheur » ce que Cosette a « eu en bonheur ». Est-ce vrai selon vous ?

7. Pensez-vous que Fantine a été pour Cosette une « bonne » mère ?

L'apprentissage de Marius

8. Qui sont le père et le grand-père de Marius, présentés pages 76 à 79 ? Dans quel milieu politique et familial Marius grandit-il ?

9. P. 79 : quel événement pousse Marius à s'intéresser à la personnalité de son père ?

10. P. 80-81 : quelle est la réaction de M. Gillenormand ? Cherche-t-il à comprendre les changements qui agitent son petit-fils ? Relevez le vocabulaire justifiant votre réponse.

11. P. 82-87 : la misère de Marius est-elle aussi grande que celle de Fantine ? Selon vous, pourquoi ? La misère a-t-elle les mêmes conséquences pour les deux personnages ?

12. P. 83 : quelle phrase établit une « loi de la misère » ? À quel temps sont les verbes ? Quelle valeur a ce temps ? En quoi la syntaxe de cette phrase est-elle particulière ?

13. P. 10 : relisez la citation liminaire. Quels personnages selon vous incarnent dans le roman les « trois problèmes du siècle » ?

Lecture d'image

14. Qui était Gargantua ? Quelle caractéristique de ce personnage le caricaturiste prête-t-il ici à Louis-Philippe ?

15. *La Caricature* est un journal « satirique » de l'époque. Cherchez le sens de ce terme : en quoi peut-on l'appliquer au dessin d'Honoré Daumier ?

Gargantua, caricature d'Honoré Daumier contre le roi Louis-Philippe Ier parue en 1831 dans *La Caricature*.

Étude de la langue

Grammaire

16. P. 87, l. 14 : la phrase « ce marguillier avait été décisif » :
– est-elle à la forme passive ?
– comporte-t-elle un adjectif attribut du sujet ?
– contient-elle un verbe à l'imparfait ?

17. P. 80, l. 27 à 31 : quels types et quelles formes de phrases dominent la prise de parole de M. Gillenormand ? Pourquoi ?

HISTOIRE DES ARTS
Caricatures et dessins de presse au XIXe siècle

Au XIXe siècle, la **presse** connaît un essor sans précédent, grâce à l'invention de la rotative. On commente dans les **journaux** la vie sociale et politique, et *La Caricature* et *Le Charivari*, deux hebdomadaires, font une belle place aux **caricaturistes**. Les dessins d'Honoré Daumier particulièrement, drôles et exagérés, contestent le pouvoir et se moquent des décisions politiques. Comprises de façon immédiate par un large public, lettré comme analphabète, ses caricatures ont un **immense succès**. Cependant, trop critiques aux yeux des gouvernements, elles sont aussi très souvent **censurées** : la grande loi de libération de la presse ne sera promulguée qu'en 1881.

Lexique

18. Qu'est-ce qu'une « caricature » ? Expliquez ce terme. Certains personnages du roman vous semblent-ils caricaturaux ?

19. P. 80, l. 29 : quel sens M. Gillenormand accorde-t-il au terme « misérables » ?

Étymologie

20. P. 80, l. 13 : Marius dit que son père était un homme « humble ». De quel nom latin est dérivé ce terme ? Quel éclairage l'étymologie apporte-t-elle sur la situation du colonel Pontmercy par rapport à celle de M. Gillenormand ?

PATRIMOINE

21. Au XIXe siècle, de nombreux romans paraissent dans la presse sous forme de « feuilletons ». Que désigne ce mot dans le vocabulaire journalistique ? Cherchez les titres de romans célèbres publiés ainsi. Lisez la présentation pages 4 à 9. *Les Misérables* en font-ils partie ? Pourquoi ?

22. Victor Hugo a lui-même fait l'objet de nombreuses caricatures. Cherchez-en quelques-unes au CDI ou sur Internet. Sur quels traits de sa personnalité les caricaturistes insistent-ils ?

ÉTUDE DE L'ŒUVRE

EXPRESSION

Expression écrite

Argumentation

23. Vous êtes journaliste. À l'occasion de la mort de Fantine, devenue célèbre depuis son altercation avec Javert et l'intervention du maire, vous rédigez un article destiné à alerter l'opinion publique sur l'utilité de lutter contre la misère.

Écrit d'invention

24. P. 77 : Marius rend visite à son père défunt qu'il n'a jamais vu. Racontez cette scène du point de vue de la « femme » qui l'accueille (p. 77, l. 10-11), servante du colonel Pontmercy.

25. P. 81 : après avoir été chassé de la maison, Marius repense à la colère de son grand-père et dresse de lui un portrait caricatural.

Expression orale

26. Cherchez sur Internet des informations sur la comédie musicale *Les Misérables,* créée en 1980, et présentez-la à vos camarades.

27. Débat : pensez-vous que la misère, aujourd'hui en France, soit comparable à celle que décrit Victor Hugo dans le roman ?

Méthode ▶ *Comment reconnaître la critique sociale*

Victor Hugo, romancier et homme politique, critique souvent à travers ses récits les injustices et les inégalités sociales. Pour **reconnaître les passages où cette critique s'exprime** particulièrement, il convient :

→ de relever les scènes qui suscitent la **pitié** du lecteur, telle Fantine réduite à vendre ses dents pour soigner sa fille (p. 35) ou Marius contraint à « manger ses habits et sa montre » (p. 83, l. 1) ;

→ de s'intéresser aux passages où **les personnages défendent leurs points de vue** : Marius s'élève ainsi contre son grand-père qui refuse de considérer le colonel Pontmercy (p. 80) et Jean Valjean se dresse contre l'injustice faite au pauvre Champmathieu (p. 42) ;

→ de comprendre la **valeur symbolique des personnages** : Jean Valjean est un justicier bienveillant, Marius incarne l'espoir, les Thénardier personnifient l'immoralisme, et Cosette et Gavroche l'innocence.

Les mauvais pauvres et autres méchants

LECTURE

Lecture du texte

Patron-Minet et fourbes Thénardier

1. P. 24-25 : quelle impression produit le premier portrait de la Thénardier ? Que pense-t-on de son mari ?

2. P. 44 : par quelle phrase le narrateur indique qu'il va décrire en détail le couple d'aubergistes ? Quel effet produit cette annonce ?

3. Appelée « madame Thénardier » (p. 24, l. 1 et p. 44, l. 4) au début, le personnage est bien vite dénommé « la Thénardier » (p. 45, l. 35). Quel rôle joue ce glissement dans la perception du personnage par le lecteur ?

4. P. 44 : relevez les termes qui servent à décrire la Thénardier. Quels champs lexicaux apparaissent ?

5. P. 45 : quels mots évoquent l'apparence de Thénardier ? Quels sont ceux qui montrent sa véritable nature ? En quoi le mari et la femme sont-ils complémentaires ?

6. Les Thénardier changent leur nom au cours du roman. Comment se font-ils appeler ? Usent-ils de ce procédé pour la même raison que Jean Valjean ?

7. Combien les Thénardier ont-ils d'enfants ?

8. P. 104, l. 5-10 : relevez le vocabulaire qu'emploie Thénardier pour parler à Jean Valjean. À quel registre de langue appartient-il ? Utilise-t-il le même registre lorsqu'il s'adresse à Éponine ?

9. P. 109, l. 26 : à quelle bande appartiennent « les gens » que Thénardier doit rencontrer pour piéger Jean Valjean ? À quels autres mauvais coups, évoqués page 135, va-t-elle participer ?

Javert, l'implacable

10. Qui est Javert ? Dans quels lieux, mentionnés pages 28 à 32 et page 109, a-t-il exercé ? Qu'y fait-il ?

NOTIONS LITTÉRAIRES
Les opposants

Dans le roman du XIXᵉ siècle, les opposants sont des **personnages négatifs**, qui se dressent sur le chemin du héros pour l'empêcher d'atteindre son but. Javert et les Thénardier s'opposent à Jean Valjean de deux manières différentes : Javert incarne la société conservatrice qui punit tout acte contraire à la loi. Sa main est celle de la justice, qui ne pardonne ni n'encourage. Jean Valjean s'est évadé, il a donc accompli un acte de rébellion et doit être châtié. Les Thénardier sont pour leur part de mauvais pauvres, méchants et immoraux : Jean Valjean doit accepter leur existence et leur pardonner malgré tout pour atteindre le but d'une humanité meilleure où chacun fait le bien.

11. P. 29, l. 24-36 : à quoi est comparé Javert ? Quels autres éléments du portrait convergent dans le même sens ? Qu'indique ce rapprochement sur le personnage ?

12. P. 37-40 : quels sentiments poussent Javert à dénoncer le père Madeleine aux autorités ? Se trompe-t-il en l'accusant ? Pourquoi revient-il sur son acte ?

13. P. 152, l. 32 : pourquoi Javert dit-il à Jean Valjean : « vous m'ennuyez » ? P. 161, l. 28 : pour quelle raison pense-t-il qu'il « avait […] le droit d'être tué » sur la barricade ?

14. P. 161 : comment se traduit physiquement, chez Javert, l'émotion qui l'agite ? Relevez les mots du texte. Quelle est cette émotion ?

15. p. 162, l. 34 à 46 : Javert prononce-t-il les questions qu'il se pose avant de mourir ? Est-ce un discours rapporté au style indirect par le narrateur ? Pourquoi ? Quel est l'effet produit ?

Lecture d'image (page 195)

16. Quelle atmosphère se dégage de cette scène d'intérieur ?

Étude de la langue

Grammaire

17. Dans le portrait de Thénardier page 45, par quelle autre conjonction de coordination peut-on remplacer le terme « et », lignes 23, 26, et 29 ? Pourquoi ?

Les Mangeurs de pommes de terre, Vincent Van Gogh, 1885.

Lexique

18. Trouvez les adjectifs qui correspondent aux traits de caractère de Thénardier :
– il a « l'air malade » mais se porte « à merveille » (p. 45, l. 23) ;
– il sourit « par précaution » (p. 45, l. 24) ;
– il refuse « un liard » au mendiant (p. 45, l. 25-26).

19. P. 101, l. 15 : Thénardier nomme Jean Valjean « le philanthrope ». Ce terme vous paraît-il lui convenir ? Pourquoi ? Quel est l'antonyme de ce mot ?

Étymologie

20. P. 152, l. 12 : Javert n'est pas un homme facile à « étonner » : quel est l'étymologie de ce terme ? Est-il approprié à l'attitude de Javert à ce moment du récit ?

PATRIMOINE

21. Les personnages du roman ne cessent de changer de nom. Quelle institution est garante de l'identification de chacun aujourd'hui en France ? Comment les choses se passaient-elles auparavant ?

ÉTUDE DE L'ŒUVRE

EXPRESSION

Expression écrite

Argumentation

22. P. 160 : dans le fiacre, Jean Valjean laisse éclater sa colère, demandant à Javert pourquoi il s'acharne contre lui. Rédigez cette scène d'affrontement.

Écrit d'invention

23. P. 118 : Javert vient d'arrêter Thénardier. Mécontent d'avoir laissé échapper le prisonnier, il interroge l'ancien aubergiste, qui évoque alors « Urbain Fabre ». Rédigez ce dialogue, en respectant les niveaux de langue propre à chacun.

24. P. 135 : récemment évadé de prison, Thénardier rencontre Marius. Il lui explique un plan qu'il a mis au point pour se venger de Javert. Le jeune homme doit y jouer un rôle.

Expression orale

25. Relisez les pages 160 à 163 (jusqu'à la ligne 66). Après avoir cherché le sens de ce terme, expliquez le « dilemme » qui agite Javert.

26. Débat : Javert, instrument implacable de la justice, s'en veut d'avoir fait preuve de bonté envers Jean Valjean (p. 162, l. 31-33). Selon vous, être bon empêche-t-il d'être juste ?

Méthode ▸ *Comment repérer les niveaux de langage*

Il existe trois niveaux de langue : les niveaux de langue **familier**, **courant** et **soutenu**. Pour les différencier, procédez de la manière suivante.

→ Intéressez-vous à ce que vous savez du personnage : s'il vient d'un **milieu social** peu élevé et qu'il n'a pas reçu d'éducation, il s'exprimera volontiers dans un niveau de langue familier, voire argotique. Gavroche n'hésite pas à malmener la grammaire et à parler des « mômes » ou des « momâques » pour désigner ses petits frères.

→ Observez la **situation d'énonciation** et le **destinataire des paroles** : lorsqu'il cherche à obtenir quelque chose, Thénardier, qui utilise d'ordinaire un langage familier, s'exprime alors dans un langage courant, et parfois même soutenu, la plupart du temps comique, car il n'en maîtrise pas les codes.

Petites histoires dans l'Histoire

LECTURE

Lecture du texte

La déroute de Napoléon

1. P. 11 à 13 : Napoléon est-il encore au pouvoir lorsque Jean Valjean arrive à Digne ? P. 12, l. 33 : pourquoi selon vous l'auteur mentionne-t-il cette date et « ce banc de pierre » ?

2. P. 76 : que signifie le titre du chapitre II ? Quel symbole se cache plus particulièrement derrière la couleur « rouge » ? M. Gillenormand est-il un « rouge » ?

3. P. 76-81 : Pourquoi M. Gillenormand a-t-il une telle haine du titre de baron acquis par le colonel Pontmercy ? Cet élément politique de l'intrigue est-il indispensable au roman ?

4. P. 81, l. 37 : qui sont les « Bourbons » dont parle Marius ? Pourquoi Marius les rejette-t-il ?

5. P. 81, chapitre I : pourquoi les « amis de l'ABC » sont une société tenue « secrète » ?

Les barricades de 1832

6. Pourquoi le règne de Louis-Philippe d'Orléans débute-t-il par « la révolution de Juillet » ? Quel âge avait Victor Hugo à l'époque ?

7. P. 136 : combien de temps s'est écoulé entre la révolution de Juillet et l'épisode des barricades auquel prend part Marius ?

8. P. 136 à 139 : qui sont les émeutiers du roman ? Quel âge ont-ils ? À quel milieu social appartiennent-ils ?

9. P. 138, l. 18-21 : que pensez-vous des métaphores utilisées pour décrire le sentiment de Gavroche découvrant Javert dans le cabaret alors que l'insurrection se prépare ?

10. P. 147 : qu'est-ce qui cause la perte des insurgés ?

11. Gavroche est « le nain de la géante », l'enfant de Paris : il est le symbole du peuple révolté. À quel autre événement évoqué page 153 sa mort (p. 151) fait-elle écho ?

ÉTUDE DE L'ŒUVRE

12. Relisez les pages 136 à 145 : quelle est l'attitude de Marius par rapport à la politique ? Prend-il part au combat par conviction, comme son ami Courfeyrac ?

La révolution industrielle et le malaise social

13. P. 26-27 : Jean Valjean, sous l'identité de M. Madeleine, fait fortune grâce à une usine. Cette situation ancre-t-elle le roman dans la réalité de l'époque ? Justifiez votre réponse en vous appuyant sur la présentation (p. 4-9).

14. P. 105 : quel mensonge utilise Thénardier pour expliquer la blessure de sa fille ? Cela vous paraît-il plausible ? Qu'indique ce détail sur le travail des ouvriers à l'époque ?

15. Selon vous, l'histoire politique, industrielle et sociale des années 1815 à 1835 constitue-t-elle seulement un décor pour le roman ou a-t-elle plus d'importance ?

Lecture d'image (couverture de l'ouvrage)

16. À quel mouvement artistique appartient le peintre Eugène Delacroix ? En vous aidant de l'encadré « Histoire des arts » p. 187 , dites pourquoi ce tableau s'inscrit dans ce courant.

La Liberté guidant le peuple, Eugène Delacroix, 1830.

17. Où se passe cette scène ? Quels indices vous permettent de le savoir ? Observez les couleurs du ciel. Que rappellent-elles ?

18. Le personnage central est une « allégorie » de la liberté. Que signifie ce terme ? Quels sont ses attributs ? Selon vous, qui sont les autres personnages ?

ÉTUDE DE L'ŒUVRE

HISTOIRE DES ARTS
L'épopée

L'épopée prend ses racines dans l'**Antiquité** : c'est alors un long poème où se mêlent histoire et légendes, chantant les exploits d'un **héros aux qualités extraordinaires**. Confrontés à des **épreuves** qui lui demandent de puiser dans ses ressources physiques et intellectuelles, ce héros exemplaire défend les valeurs et l'idéal d'une société. On considère souvent *Les Misérables* comme une épopée, car ce long roman, qui mêle l'Histoire à la fiction, décrit les aventures héroïques de Jean Valjean, symbole du changement que la société du XIXᵉ siècle attend. Victor Hugo rappelle en effet dans la citation liminaire les raisons pour lesquelles son roman est nécessaire : tendre vers l'idéal d'une société sans misère.

Étude de la langue

Grammaire

19. P. 96, l. 23-26 : reformulez la phrase de Thénardier en utilisant un langage courant et clair, approprié à la demande qu'il fait à Marius.

Lexique

20. P. 75, l. 38 : à quelle classe grammaticale appartient le terme « dénuement » ? Citez trois termes de la même famille.

Étymologie

21. P. 97, l. 38 : quelle est l'étymologie du terme « industrie » ? Comment expliquez-vous son sens moderne ?

PATRIMOINE

22. Cherchez sur Internet le texte de *La Chanson des canuts*. Qui sont les canuts ? Pourquoi sont-ils célèbres ?

23. Quels romans d'Émile Zola, évoquant pour l'un le travail de la mine et pour l'autre la construction d'un grand magasin, parlent de ces changements de société qui s'opèrent au XIXᵉ siècle ? En quelle année ont-ils été écrits ?

ÉTUDE DE L'ŒUVRE

EXPRESSION

Expression écrite

Argumentation

24. En publiant *Les Misérables*, Victor Hugo veut combattre la misère et changer la société dans laquelle il vit. Pensez-vous que l'on puisse faire évoluer la société grâce à un roman ?

Écrit d'invention

25. P. 153 : sur les barricades, Marius est touché. Racontez la douleur physique et morale qu'il éprouve avant de s'évanouir.

26. P. 147 : arrivé rue de la Chanvrerie, Jean Valjean aperçoit les barricades et les insurgés retranchés. Décrivez cette scène.

Expression orale

27. Cherchez au CDI ou sur Internet le *Discours sur la misère* prononcé par Victor Hugo à l'Assemblée nationale le 9 juillet 1849. Lisez-en un extrait à la classe, en employant le ton qui convient.

Méthode ▶ *Comment reconnaître un roman historique*

Le **roman historique** évoque les aventures de personnages fictionnels dans un univers ancré dans l'Histoire. Pour reconnaître ses caractéristiques :

➜ observez les **indications de lieux et de temps** : les dates sont souvent précises et les villes, à l'image de Paris dans *Les Misérables*, précisément décrites ;

➜ intéressez-vous aux **personnages historiques**, comme Napoléon par exemple, qui croisent le destin des personnages de fiction ;

➜ lisez attentivement les passages qui relatent des **événements politiques et sociaux** : les barricades meurtrières de 1832 ont réellement existé ;

➜ tentez enfin de comprendre de quel **point de vue** le **romancier** se place : Victor Hugo évoque son passé proche afin de changer le futur de la nation.

ÉTUDE DE L'ŒUVRE

Un roman total et foisonnant

LECTURE

Lecture du texte

Un roman d'aventures policières

1. De quelles qualités fait preuve Jean Valjean en s'évadant du bagne après la mort de Fantine (p. 43), en échappant à Javert (p. 62 à 65) et en sortant du couvent (p. 68 à 71) ? À quel type de héros romanesque appartiennent-elles d'ordinaire ?

2. P. 62, l. 1 à p. 65, l. 10 : quels champs lexicaux sillonnent le passage de la poursuite de Jean Valjean par Javert ? À quel genre romanesque appartient cette scène ?

3. P. 155-156, l. 1-20 : quel sentiment étreint Jean Valjean lorsqu'il chemine dans les égouts ? Quel type de phrase le montre particulièrement ? Qu'éprouve alors le lecteur ?

4. P. 171-173 : qui est à l'origine du retournement de situation qui permet à Marius de changer d'opinion sur Jean Valjean ? Était-ce dans l'intention du personnage ?

5. P. 171-173 : en quoi ce dénouement est-il digne d'un roman policier ?

Un roman réaliste ? De curieux hasards...

6. P. 30-32 : dans quelles circonstances Jean Valjean fait-il la connaissance du père Fauchelevent ?

7. P. 65-66 : par quelle expression le narrateur justifie-t-il la coïncidence qui place le père Fauchelevent une nouvelle fois sur la route de Jean Valjean ? Pourquoi cette rencontre est-elle une aubaine ?

8. P. 66 : par quel terme le père Fauchelevent poursuit-il cette métaphore de l'intervention divine ? Relevez les mots qui composent ce champ lexical (l. 14 à 22).

9. Jean Valjean fait connaissance avec les Thénardier à Montfermeil. Quelle coïncidence les réunit à nouveau, huit ans après ? Où ? Les reconnaît-il ? Est-ce plausible, selon vous ?

NOTIONS LITTÉRAIRES
Varier la chronologie pour maintenir le suspens

Afin de tenir en haleine leur lecteur, les romanciers jouent avec la chronologie :

➜ le narrateur opère parfois un **retour en arrière** (une **analepse**) par rapport au présent de la situation d'énonciation, ou à l'inverse se projette **dans l'avenir** (on parle alors de **prolepse**) ;

➜ parfois, une **ellipse** rompt la linéarité du récit : Gavroche apparaît par exemple « huit ou neuf ans environ après les événements racontés dans la deuxième partie » de l'histoire (p. 74, l. 1-2) sans qu'on sache ce qu'il s'est passé durant ce laps de temps ;

➜ enfin, un épisode court peut être décrit en **une longue scène**, comme c'est le cas du guet-apens, qui occupe les pages 109 à 118, ou bien plusieurs semaines peuvent se voir résumées en une ligne, sous la forme **d'un sommaire**. À la page 61, ligne 39, le narrateur indique simplement : « Les semaines se succédèrent ».

10. Dans quelle autre situation Thénardier ne reconnaît-il pas Jean Valjean ? Pour quelle raison ? Est-ce vraisemblable ? P. 171-172 : quelle réponse apporte d'ailleurs l'aubergiste à cette interrogation ?

11. Pensez-vous que ce roman soit réaliste ? Aidez-vous, pour répondre, de l'encadré « Histoire des arts » p. 187.

Un roman d'idées

12. P. 36 à 42 : dressez un rapide portrait de Champmathieu. Peut-on dire qu'il ressemble à Jean Valjean au moment du procès ? Et au moment de son propre procès, lorsqu'il avait 25 ans ?

13. La justice et la prison sont représentées dans le roman sous la forme du procès Champmathieu (p. 40-42) et des forçats partant pour Toulon (p. 124-128). Quelle image Victor Hugo donne-t-il de ces institutions ?

14. De quel côté le narrateur se place-t-il pour évoquer l'épisode des barricades (p. 137-153) et sa répression ? Du côté des insurgés ou du côté de la garde ? Pourquoi ?

ÉTUDE DE L'ŒUVRE

Lecture d'image

15. À quel mouvement pictural appartient Édouard Manet ? Quels autres peintres y participent ?

16. Qui est Rochefort ? Quel point commun a-t-il avec Jean Valjean ? Est-ce le seul tableau de Manet sur ce sujet ?

L'Évasion de Rochefort, Édouard Manet, 1881.

Étude de la langue

Grammaire

17. « Un incendie de ricanements, de jurements et de chansons fit explosion », écrit le narrateur à la page 126, l. 44-45. Quelle est la fonction grammaticale des termes suivant la préposition « de » ?

Lexique

18. P. 66 : le narrateur évoque « le hasard » (l. 14) et même la « providence » (l. 15). Quelle différence de sens y a-t-il entre ces deux termes ? Trouvez trois synonymes pour chacun.

19. P. 124 : le chapitre VIII s'intitule « La cadène ». Que signifie ce mot ?

Étymologie

20. P. 126, l. 43 : quelle est l'origine du mot « farouche » ? Comment apparaissent les forçats ?

ÉTUDE DE L'ŒUVRE

Séance 7 — Un roman total et foisonnant

PATRIMOINE

21. Quels romans de Victor Hugo évoquent la prison et la peine de mort ? Rédigez un rapide résumé de ces deux œuvres. Sont-ils parus avant ou après *Les Misérables* ? Quelles idées y défend l'écrivain ?

EXPRESSION

Expression écrite

Synthèse

22. En prenant soin de lire l'encadré « Méthode » ci-dessous, résumez le roman.

Écrit d'invention

23. Observez attentivement le tableau de Manet reproduit p. 203. Racontez l'évasion de Rochefort.

24. P. 158-159 : devant la grille de sortie des égouts, Javert surprend Jean Valjean et Thénardier négociant à l'intérieur, l'un pour avoir la clé, l'autre pour obtenir de l'argent. Il décide d'intervenir. Racontez cette scène du point de vue du policier.

Expression orale

25. Exposé : pensez-vous que, de nos jours, nous sommes tous égaux devant la justice ?

Méthode ▶ *Comment résumer un récit*

Pour **résumer un roman** en étant certain de n'oublier aucune étape :
→ servez-vous du **schéma narratif**, en écrivant un plan au brouillon si besoin : situation initiale, élément perturbateur, péripéties importantes, élément de résolution, sans oublier d'évoquer la situation finale ;
→ vérifiez que vous avez clairement parlé de l'**époque**, des différents **lieux**, des **personnages principaux** et des **buts** qu'ils poursuivent, afin que le lecteur comprenne bien l'**intrigue** ;
→ exprimez-vous à la **troisième personne** et respectez jusqu'à la fin le **système des temps**, passé ou présent, que vous avez choisi ;
→ **relisez** attentivement votre texte : les phrases doivent être courtes et bien construites, et les personnages clairement désignés.

TEXTES ET IMAGES DANS LE CONTEXTE
Les enfants du XIXᵉ siècle

1. Roman

HECTOR MALOT (1830-1907),
Sans famille (1878).

Rémi, le narrateur, est un orphelin recueilli quelques années auparavant par la mère Barberin. Il a huit ans lorsque le père Barberin, un homme brutal et sans scrupule, décide de se débarrasser de lui, et l'emmène au café du village, où un vieil homme est attablé.

Le vieillard, quittant sa chaise, vint s'asseoir vis-à-vis de Barberin. [...]

« Ce que vous voulez, n'est-ce pas, dit-il, c'est que cet enfant ne mange pas plus longtemps votre pain ; ou bien, s'il continue à le manger, c'est qu'on vous le paie ?

– Juste ; parce que...

– Oh ! le motif, vous savez, ça ne me regarde pas, je n'ai donc pas besoin de le connaître ; il me suffit de savoir que vous ne voulez plus de l'enfant ; s'il en est ainsi, donnez-le-moi, je m'en charge.

– Vous le donner !

– Dame ! ne voulez-vous pas vous en débarrasser ?

– Vous donner un enfant comme celui-là, un si bel enfant, car il est bel enfant, regardez-le.

– Je l'ai regardé.

– Rémi ! viens ici.

Je m'approchai de la table en tremblant.

– Allons, n'aie pas peur, petit, dit le vieillard.

– Regardez, continua Barberin.

– Je ne dis pas que c'est un vilain enfant. Si c'était un vilain enfant, je n'en voudrais pas, les monstres ce n'est pas mon affaire.

– Ah ! si c'était un monstre à deux têtes, ou seulement un nain...

– [...] Vous savez qu'un monstre a de la valeur et qu'on peut en tirer profit, soit en le louant, soit en l'exploitant soi-même. Mais celui-là n'est ni nain ni monstre ; bâti comme tout le monde il n'est bon à rien.

– Il est bon pour travailler.

– Il est bien faible.

– Lui faible, allons donc ! il est fort comme un homme et solide et sain ; tenez, voyez ses jambes, en avez-vous jamais vu de plus droites ? »

Barberin releva mon pantalon.

« Trop minces, dit le vieillard.

– Et ses bras ? continua Barberin.

– Les bras sont comme les jambes ; ça peut aller ; mais ça ne résisterait pas à la fatigue et à la misère.

Enfin, dit le vieillard, tel qu'il est, je le prends. [...] »

QUESTIONS

1. Pour quelles raisons le père Barberin veut se débarrasser de Rémi ?

2. Quelles qualités possède Rémi selon le père Barberin ?

3. À quel genre de commerce s'apparente, dans la bouche des deux hommes, la vente de l'enfant ?

2. Texte de loi

Loi du 19 mai 1874 sur le travail des filles et des garçons mineurs dans l'industrie

SECTION 1re - Âge d'admission. Durée du travail [...]
Art. 2 - Les enfants ne pourront être employés par des patrons ni être admis dans les manufactures, usines, ateliers ou chantiers avant l'âge de douze ans révolus. Ils pourront être toutefois employés à l'âge de dix ans révolus dans les industries spécialement déterminées par un règlement d'administration publique rendu sur l'avis conforme de la commission supérieure ci-dessous instituée.

Art. 3 - Les enfants, jusqu'à l'âge de douze ans révolus, ne pourront être assujettis à une durée de travail de plus de six heures par jour, divisées par des repos. À partir de douze ans, ils ne pourront être employés plus de douze heures par jour, divisées par des repos. [...]

SECTION IV - Instruction primaire
Art. 8 - Nul enfant, ayant moins de douze ans révolus, ne peut être employé par un patron qu'autant que ses parents ou tuteurs justifient qu'il fréquente actuellement une école publique ou privée. Tout enfant admis avant douze ans dans un atelier devra, jusqu'à cet âge, suivre les classes d'une école pendant le temps libre du travail. [...]

QUESTIONS

1. Quelle est la nature de ce texte ?

2. Combien de temps travaille un enfant de moins de douze ans à l'époque ? Combien de temps lui reste-t-il pour fréquenter l'école ?

3. Quels types d'emplois sont occupés par les enfants au XIXe siècle ?

3. Image d'Épinal

Le Départ des petits Savoyards, xixe siècle

AUTOUR DE L'ŒUVRE

QUESTIONS

1. Que sont les images d'Épinal ?
Quels indices évoquent la Savoie ?

2. Pourquoi les petits Savoyards,
au xixe siècle, sont obligés de partir
chercher du travail dans
les grandes villes ?

3. Traditionnellement, à l'image
de Petit-Gervais dans *Les Misérables*
(p. 24), quel métier exercent-ils ?
Sur le document, quel âge ont-ils ?
Quel rapport ce métier a-t-il avec
leur âge ?

Héros en difficulté :
de l'Histoire à la parodie

1. Poésie

VICTOR HUGO (1802-1885),
« Expiation », *Les Châtiments* (1853).

Il neigeait. On était vaincu par sa conquête.
Pour la première fois l'aigle baissait la tête.
Sombres jours ! L'empereur revenait lentement,
Laissant derrière lui brûler Moscou fumant.
Il neigeait. L'âpre hiver fondait en avalanche.
Après la plaine blanche une autre plaine blanche.
On ne connaissait plus les chefs ni le drapeau.
Hier la grande armée, et maintenant le troupeau.
On ne distinguait plus les ailes ni le centre.
Il neigeait. Les blessés s'abritaient dans le ventre
Des chevaux morts ; au seuil des bivouacs désolés
On voyait des clairons à leur poste gelés,
Restés debout, en selle et muets, blancs de givre,
Collant leur bouche en pierre aux trompettes de cuivre.
Boulets, mitraille, obus, mêlés aux flocons blancs,
Pleuvaient ; les grenadiers, surpris d'être tremblants,
Marchaient, pensifs, la glace à leur moustache grise.
Il neigeait, il neigeait toujours ! La froide bise
Sifflait ; sur le verglas, dans des lieux inconnus,
On n'avait pas de pain et l'on allait pieds nus.
Ce n'étaient plus des cœurs vivants, des gens de guerre,
C'était un rêve errant dans la brume, un mystère,
Une procession d'ombres sur le ciel noir.

La solitude, vaste, épouvantable à voir,
Partout apparaissait, muette vengeresse.
Le ciel faisait sans bruit avec la neige épaisse
Pour cette immense armée un immense linceul ;
Et, chacun se sentant mourir, on était seul.

QUESTIONS

1. De quelle ville les soldats reviennent-ils ? Ont-ils gagné ou perdu ?

2. De quelle manière le poète insiste sur le froid polaire qui s'abat sur la retraite des armées napoléoniennes ?

3. Quelles expressions montrent, malgré la déroute, la valeur de l'armée jusque-là héroïque ? La défaite vient-elle d'une faute des soldats ?

2. Roman

ALEXANDRE DUMAS (1802-1870),
Le Comte de Monte Cristo, tome I (1889).

Enfermé au château d'If, en pleine mer, Edmond Dantès, futur comte de Monte Cristo, s'évade : au décès de son compagnon de cellule, le vieil abbé Faria, il se glisse dans le sac mortuaire, puis attend les porteurs. Selon son plan, il sera enterré au cimetière, à l'extérieur du fort.

On s'arrêta à la porte, le pas était double. Dantès devina que c'étaient les deux fossoyeurs qui le venaient chercher. Ce soupçon se changea en certitude, quand il entendit le bruit qu'ils faisaient en déposant la civière.

La porte s'ouvrit, une lumière voilée parvint aux yeux de Dantès. [...]

On transporta le prétendu mort du lit sur la civière. Edmond se raidissait pour mieux jouer son rôle de trépassé. On le posa sur la civière ; et le cortège, éclairé par l'homme au falot, qui marchait devant, monta l'escalier.

Tout à coup, l'air frais et âpre de la nuit l'inonda. Dantès reconnut le mistral. Ce fut une sensation subite, pleine à la fois de délices et d'angoisses.

Les porteurs firent une vingtaine de pas, puis ils s'arrêtèrent et déposèrent la civière sur le sol.

Un des porteurs s'éloigna, et Dantès entendit ses souliers retentir sur les dalles.

– Où suis-je donc ? se demanda-t-il. [...]

– Éclaire-moi donc, animal, dit celui des deux porteurs qui s'était éloigné, ou je ne trouverai jamais ce que je cherche. [...]

– Que cherche-t-il donc ? se demanda Dantès. Une bêche sans doute.

Une exclamation de satisfaction indiqua que le fossoyeur avait trouvé ce qu'il cherchait.

– Enfin, dit l'autre, ce n'est pas sans peine.

– Oui, répondit-il, mais il n'aura rien perdu pour attendre

À ces mots, il se rapprocha d'Edmond, qui entendit déposer près de lui un corps lourd et retentissant ; au même moment, une corde entoura ses pieds d'une vive et douloureuse pression.

– Eh bien, le nœud est-il fait ? demanda celui des fossoyeurs qui était resté inactif.

– Et bien fait, dit l'autre ; je t'en réponds.

– En ce cas, en route.

Et la civière soulevée reprit son chemin.

On fit cinquante pas à peu près, puis on s'arrêta pour ouvrir une porte, puis on se remit en route. [...]

On fit encore quatre ou cinq pas en montant toujours, puis Dantès sentit qu'on le prenait par la tête et par les pieds et qu'on le balançait.

– Une, dirent les fossoyeurs.

– Deux.

– Trois ! [...]

Dantès avait été lancé dans la mer, au fond de laquelle l'entraînait un boulet de trente-six attaché à ses pieds.

La mer est le cimetière du château d'If.

QUESTIONS

1. Pourquoi Edmond Dantès ne peut-il pas voir ce qui se passe ? Quels autres sens lui permettent de comprendre où il se trouve et ce qui se produit ?

2. De quel point de vue est décrite la scène ? Quel effet obtient ainsi le narrateur ?

3. À quel moment des *Misérables* Jean Valjean utilise-t-il le même subterfuge qu'Edmond Dantès pour se sortir d'un mauvais pas ?

3. Roman

ÉMILE ZOLA (1840-1902),
Germinal (1885).

Après un éboulement, Catherine Maheu et Étienne Lantier sont prisonniers de la mine de charbon dans laquelle ils travaillent. L'inondation menace, l'air se raréfie, et Catherine est épuisée.

– Emmène-moi ! emmène-moi !
Étienne l'avait saisie et l'emportait. [...]
La mine entière était ébranlée d'entrailles trop grêles, éclatant de la coulée énorme qui la gorgeait. Au bout des galeries, l'air refoulé s'amassait, se comprimait, partait en explosions formidables, parmi les roches fendues et les terrains bouleversés. C'était le terrifiant vacarme des cataclysmes intérieurs, un coin de la bataille ancienne, lorsque les déluges retournaient la terre, en abîmant les montagnes sous les plaines.
Et Catherine, secouée, étourdie de cet effondrement continu, joignait les mains, bégayait les mêmes mots, sans relâche :
– Je ne veux pas mourir... Je ne veux pas mourir...
Pour la rassurer, Étienne jurait que l'eau ne bougeait plus. Leur fuite durait bien depuis six heures, on allait descendre à leur secours. Et il disait six heures sans savoir, la notion exacte du temps leur échappait.

QUESTIONS

1. Où se trouvent Catherine Maheu et Étienne Lantier ? Pourquoi le temps presse-t-il ?

2. Quelle métaphore rend les événements qui se produisent dans la mine terrifiants et inhumains ?

3. Quelles qualités héroïques Étienne Lantier montre-t-il dans ce passage ? Dans quels épisodes des *Misérables* Jean Valjean fait-il preuve de qualités identiques ?

4. Théâtre

ALFRED DE MUSSET (1810-1857),
On ne badine pas avec l'amour (1834), « C&P » n°9.

Le théâtre de Musset a souvent parodié les héros dans la tourmente. Ici, maître Bridaine, le curé du village, est très gourmand. La meilleure place à table vient de lui être soufflée par maître Blazius, le précepteur du fils du baron, de retour au château. Dans un monologue qui décrit son désespoir gastronomique, le curé déclare, avec une grandeur tragique et un sérieux des plus comiques, qu'il préfère se retirer plutôt que de manger après le précepteur.

ACTE DEUXIÈME
SCÈNE II
La salle à manger. – On met le couvert.
Entre MAÎTRE BRIDAINE.

Cela est certain, on lui donnera encore aujourd'hui la place d'honneur. Cette chaise que j'ai occupée si longtemps à la droite du baron sera la proie du gouverneur. Ô malheureux que je suis ! Un âne bâté, un ivrogne sans pudeur, me relègue au bas bout de la table ! Le majordome lui versera le premier verre de malaga, et lorsque les plats arriveront à moi, ils seront à moitié froids, et les meilleurs morceaux déjà avalés ; il ne restera plus autour des perdreaux ni choux ni carottes. Ô sainte Église catholique ! Qu'on lui ait donné cette place hier, cela se concevait ; il venait d'arriver ; c'était la première fois, depuis nombre d'années, qu'il s'asseyait à cette table. Dieu ! comme il dévorait ! Non, rien ne me restera que des os et des pattes de poulet. Je ne souffrirai pas cet affront. Adieu, vénérable fauteuil où je me suis renversé tant de fois gorgé de mets succulents ! Adieu, bouteilles cachetées, fumet sans pareil de venaisons cuites à point ! Adieu, table splendide, noble salle à manger, je ne dirai plus le bénédicité ! Je retourne à ma cure ; on ne me verra pas confondu parmi la foule des convives, et j'aime mieux, comme César, être le premier au village que le second dans Rome.

Il sort.

> **QUESTIONS**

1. Quels sont les privilèges de l'homme important pour maître Bridaine ? En quoi est-ce comique ?

2. Le monologue se divise en plusieurs parties. Lesquelles ? Donnez un titre à chacune d'elles.

3. Quel type de phrase montre le dépit du religieux ? Que pensez-vous de la comparaison qui conclut la dernière phrase prononcée par le personnage ?

LEXIQUE

A

Abyme (mise en) : procédé qui consiste à insérer une œuvre dans une autre (théâtre dans le théâtre ; roman dans le roman ; tableau dans un tableau...).

Acmé : au théâtre, paroxysme de l'intrigue, tension extrême.

Allégorie : figure de style dans laquelle une notion abstraite est représentée sous une forme concrète.

Allitération : effet sonore créé par la répétition d'une ou plusieurs consonnes dans une suite de mots proches.

Analepse : dans un récit, retour en arrière pour rappeler des événements passés.

Anaphore : figure de style dans laquelle le même mot (ou le même groupe de mots) est repris en début de phrase ou de vers.

Antiphrase : figure de style dans laquelle est sous-entendu le contraire de ce qui est dit ou écrit (procédé essentiel de l'ironie).

Antithèse : figure de style dans laquelle des mots ou des expressions d'une même phrase s'opposent (voir *oxymore*).

Aparté : au théâtre, paroles prononcées par un personnage et destinées à être entendues uniquement par le public.

Apologue : court récit à visée didactique ou morale (fable, conte...).

Apostrophe : figure de style dans laquelle une personne, un animal ou une chose (présente ou absente) est interpellée directement.

Assonance : effet sonore produit par la répétition d'une ou plusieurs voyelles dans une suite de mots proches.

C

Catharsis : fonction majeure de la tragédie. Le spectateur se libère de ses passions au travers de la représentation théâtrale.

Champ sémantique : ensemble des sens d'un mot selon différents contextes.

Connecteur logique : mot de liaison invariable qui marque les étapes d'une argumentation.

Connotation : signification secondaire associée au sens premier d'un mot (voir *dénotation*).

D

Délibératif (monologue) : dans la tragédie, longue tirade dans laquelle un personnage, confronté à un choix, hésite entre plusieurs voies possibles.

Dénotation : sens premier d'un mot ; celui qui est donné dans le dictionnaire (voir *connotation*).

Dénouement : au théâtre, fin de l'action, résolution de l'intrigue. Par extension, fin d'une histoire.

Didascalies : au théâtre, ensemble des informations données par l'auteur en dehors des répliques (lieu, époque, décors, indications de mise en scène, noms, attitudes des personnages...).

Discours : le type de discours varie selon les intentions d'un auteur (discours narratif, explicatif, argumentatif, descriptif, injonctif).

Discours rapportés : discours direct, indirect, indirect libre, narrativisé.

E

Ellipse narrative : dans un récit, événement(s) non rapporté(s) dans la narration.

Énonciation : fait de produire un discours. Ensemble des conditions dans lesquelles cet énoncé est produit (locuteur, destinataire, lieu, époque, visée des propos). Au théâtre, on parle de « **double énonciation** » car les paroles d'un personnage sont destinées aux autres personnages présents sur scène, mais également aux spectateurs. L'auteur de la pièce s'adresse, lui aussi, au public au travers de son texte.

Euphémisme : figure de style dans laquelle une réalité, considérée comme choquante ou déplaisante, est atténuée (ex. : « non-voyant » pour « aveugle »).

Excipit : dernières lignes, fin d'une œuvre.

Exergue (mettre en) : placer au début d'un texte pour présenter, expliquer (citation...).

Exposition : première(s) scène(s) d'une pièce de théâtre qui présente(nt) les personnages et l'enjeu de l'action.

F

Focalisation (ou point de vue) : angle de vue du narrateur sur les événements et les personnages d'un récit.

Focalisation externe : narration neutre et objective. Seuls les apparences et l'aspect extérieur des événements sont rapportés, comme si une caméra filmait l'action.

Focalisation interne : narration subjective. Les événements sont vus et analysés au travers du regard et du jugement d'un seul personnage.

Focalisation zéro : le narrateur est omniscient, il connaît tout sur les personnages (leurs pensées, leurs émotions...).

G

Gradation : figure de style dans laquelle les mots sont ordonnés selon une progression ascendante (du plus faible au plus fort) ou descendante (du plus fort au plus faible).

H

Hyperbole : figure de style dans laquelle une idée est mise en relief au travers de l'amplification, de l'exagération.

Hypotexte : texte source qui sert de point de départ à une réécriture (le texte produit est l'**hypertexte**).

Hypotypose : description vivante et d'une grande intensité qui donne l'impression au lecteur d'assister à la scène décrite.

I

Incipit : premières lignes, début d'une œuvre.

Intertextualité : dans un texte littéraire, ensemble des références, implicites ou explicites, à un ou plusieurs autres textes.

Introspection : réflexion sur soi, sur son être intérieur.

L

Locuteur : émetteur ou producteur d'un message (énoncé) adressé à un destinataire.

M

Métaphore : figure de style dans laquelle deux idées sont rapprochées, sans terme comparatif (ex. : « Votre âme est un paysage choisi », Verlaine).

Métonymie : figure de style dans laquelle un élément (être, objet, lieu...), est désigné par un autre en rapport avec lui (ex. : contenu désigné par le contenant),

Modalisateurs : ensemble des termes (verbes, adverbes, lexique valorisant, dévalorisant...) qui indiquent le jugement porté par le locuteur (argumentation).

Monologue intérieur : procédé narratif qui consiste à rapporter les pensées d'un personnage.

N

Narrateur : celui qui raconte l'histoire (à distinguer de l'auteur).

Nœud : au théâtre, point central d'une intrigue, moment où les personnages se heurtent à des difficultés majeures.

O

Oxymore : figure de style dans laquelle deux termes de sens contrai-re sont placés côte à côte.

P

Parabole : récit allégorique qui permet de dispenser un enseignement moral ou religieux.

Paradoxe : proposition contraire à la logique, au sens commun.

Paratexte : ensemble des éléments qui entourent le texte (nom de l'auteur, titre, préface, notes...).

Parodie : imitation dans un but comique.

Pastiche : écriture « à la manière de», imitation du style d'un auteur.

Périphrase : figure de style dans laquelle un mot est remplacé par une expression qui insiste sur ses caractéristiques.

Polysémie : caractère d'un mot ou d'une expression qui a plusieurs sens.

Prolepse : dans un récit, anticipation d'une situation à venir.

Q

Question oratoire (ou rhétorique) : fausse interrogation, question qui n'attend pas de réponse.

Quiproquo : malentendu, méprise (effet comique au théâtre).

R

Registre littéraire : désigne l'ensemble des moyens utilisés par l'auteur pour susciter un effet particulier, une émotion face à un texte. Les registres sont divers : comique, tragique, lyrique, épique, polémique, pathétique, satirique, didactique, épidictique (admiration ou blâme).

S

Satire : critique par le rire d'un fait de société, d'une idée, d'un vice humain, etc.

Schéma actantiel : schéma qui présente l'ensemble des rôles (**actants**) et leurs relations. Un récit est considéré comme la **quête** d'un objet par un sujet. Le **destinateur** incite le sujet (le héros) à poursuivre cette quête, qui doit bénéficier à des **destinataires**. Le **sujet** peut être aidé par des personnages (**adjuvants**) ou au contraire, il peut rencontrer des adversaires (**opposants**).

Schéma narratif : schéma qui détermine la structure d'un récit : situation initiale, événement perturbateur, péripéties, élément de résolution et situation finale.

Stichomythie : au théâtre, dialogue vif avec des répliques très courtes.

Thèse : point de vue défendu, opinion soutenue (dans un texte argumentatif).

Tirade : au théâtre, longue suite de phrases prononcées par un personnage.

Topos : (du grec « lieu ») cliché, lieu commun dans la littérature (ex. : le thème récurrent de la rencontre amoureuse). Au pluriel : **topoï**.

NOTES PERSONNELLES

NOTES PERSONNELLES

Classiques & Patrimoine

Dans la même collection, pour le collège et le lycée :

Conception graphique : Muriel Ouziane et Yannick Le Bourg
Édition : Anne Demarty
Illustrations des frises : Benjamin Strickler
Réalisation : Nord Compo, Villeneuve-d'Ascq
Crédits iconographiques : Couverture et rabats : © Leemage - Cadre (couverture) : © Martial Lorcet -
p. 9 : © BNF - p. 178, p. 183, p. 186, p. 195, p. 198, p. 203 : © Leemage - p. 208 : © Coll. Bibliothèques
municipales de Chambéry.

© Éditions Magnard, 2013.
www.classiquesetpatrimoine.magnard.fr

Achevé d'imprimer en juillet 2019
par «La Tipografica Varese Srl» Varese en Italie
N° éditeur : 2019-0332
Dépôt légal : juin 2013

Certifié PEFC
Ce produit est issu
de forêts gérées
durablement et de
sources contrôlées
PEFC/18-31-264   www.pefc-france.org